苍南县社科学术著作出版资助项目

徐悲鸿研究补续

傅绍贤　著

中国美术学院出版社

本书献给抗战文化代表作《会师东京》保存者廖静文先生

傅绍贤于纪念抗战胜利七十周年

廖静文在徐悲鸿最艰难的时候奉献上纯洁的爱情，使他深感人间阴阳配合之完美，成功创作《会师东京》心灵图像。

这是“二战”预言画，

足以代表一个国家，

一个民族，

一个时代的精神状况，

是民国时期的民族强声。

在纪念抗战胜利七十周年之际，我们缅怀先烈，也纪念文艺先辈。

徐悲鸿、廖静文夫妇是中华民族的骄傲！

其心灵图像永垂不朽！

《会师东京》 112.5cm × 215.5cm 1943年 徐悲鸿

原载《中华书画家》2010年第二期32页

徐夫人像　62cm×48cm　1943年　　原载于徐悲鸿纪念馆编《徐悲鸿绘画全集》第二卷216页

代　序

赵瑞椿

徐悲鸿的学术思想

徐悲鸿先生于1953年秋天去世。他是中国美术教育的一代宗师，不仅是一位杰出的艺术教育家，同时也是一位不可多得的艺术创造者。

本人1954年秋天进入中央美术学院深造，沐浴在浓厚的徐悲鸿学术气氛之中。徐悲鸿学术思想包含两大特点：

1. 严格的造型基础训练

造型基础训练俗称素描基本功，后来江丰院长将它发展成为“素描是基础的基础”这种提法。整所学院对素描的重视程度已到了无以复加的程度，无形中在师生们的观念里已有素描就是一切的思想。这就是徐悲鸿学术思想的影响和蔓延的结果。

在艺术教育上，老师是决定一切的。徐院长亲自抓教师的进修，毫不懈怠。徐院长离开人世之后，教师进修学习的劲头丝毫不减，我们做学生时看到的情景就是这样，整个学校就是一座U字型的建筑，我们称它为U字楼，教师进修室就在U字楼尽头，面积比我们的教室多出一块走廊地，负责教师进修工作的是当时的绘画系主任艾中信。

参加进修学习的教师，上至院长吴作人，下至刚留校的助教。教师在课堂巡视、指教一圈之后，立马进入进修室学习，其紧张用功的程度一点也不亚于我们做学生的。徐悲鸿在艺术教育上死死抓住培养教师对基本功的把控能力，是真正抓住了问题要害，是真懂艺术教育规律的人做出来的事。徐悲鸿教育思想培育出来的人才有多棒，用我切身的体会现身说法最有力量。我一年级的素描老师是韦启美，仅实行一年的教学，基本上解决我们对造型基础整体把握的能力，让我们熟知素描的步骤与方法。一年级下学期，正在学校召开全国素描教学会议，我们的课室成了主要学习、参观的场所，来自全国各艺术院校的教师们都难以置信，韦启美的一年教学居然产生如此显著成效。这就证明，教师在基础训练的教学上是起重要作用的。

二年级我的素描老师是李斛，在我们已经掌握素描步骤方法的前提下，让我们更加深刻地理解素描的意义。李斛老师也是一位懂得在实践中获得真知的人，上课时他就是课室的中心，他可以让整个课室变得鸦雀无声。他在每位学生的作业前进行指导讲解时，他铿锵有力的话语，学生记住了就可终身受用。

老师十分重视教学的示范作用，为了做好一件示范习作，他可以不惜时间的代价，用一百小时的夜晚时光，画就一幅低头的希腊女神灯光头像。向同学们展示的时候，大家都惊呆了，我们几乎可以听到敲击石膏模型的声音，对我来说，这就是见了世面了。原来画素描石膏要画成这样子，这件示范作品就是这样告诉我，这就是我今后画素描石膏的标准，要画成这个样子，才算画好了。

1998年底，我赴意大利佛罗伦萨拜读文艺复兴时期的伟大艺术，当我参观“学院画廊”见到米开朗基罗的大卫雕像时（在广场上展示的大卫是米开朗基罗的学生之作），激动得无法自已。我不远千里来到艺术殿堂，看一眼就走，心实不甘。李斛老师的希腊低头女神素描已向我交了底，就照这种方法画下去没错，忽然之间我的胆子就大了起来，于是向当局提出在现场进行大卫写生的要求，在我的学生何磊的协助下，经二十多天向当局的解释和请求，终于如愿以偿。

当我对着大卫写生时，脑子里的参照物却是李斛老师写生的低头希腊女神。老师故去多年，我的脑子里还在不断复习着老师指导素描写生时各种经典警句，像是在现场指导我写生一样，就这样在整整一个月之后，我顺利地完成大卫的写生工作。这一举动被美术界称为当今世界对5米高大卫进行写生的第一例。此举也可以检验徐悲鸿学术思想所取得的成果。

韦启美老师和李斛老师在教学上有一个共同的特点，即在思想方法上充满着辩证法的哲理，用对立统一的规律解析画面上出现的各种现象。当学生们也学会并能运用这种艺术辩证法时，就可由被动转主动，充分发挥主观能动作用，成为主宰自身艺术的主人。

2. 中西结合，洋为中用

徐先生博览群书，世界上一切优秀的艺术他都学习，都吸收，从无门户之见。我们上学不久，便去徐院长故居参观学习。廖静文夫人打开贮藏艺术品的大抽屉，让我们欣赏稀世的艺术珍藏，有德国康勃夫的素描，有瑞典画家佐恩的铜版画，还有英国的、俄罗斯的、美国的以及世界许多其他国家的艺术。这些沉甸甸的艺术珍品能让我们捧在手中拜读，这是对我们艺术学子极大的关爱和信任。我们为获得这份机会而感到自豪，我们得到的激励也是巨大无比的。我们还拜读了《八十七神仙卷》，沐浴在世界艺术的海洋里，虽然只有短短的两个小时，但也只有徐悲鸿的学子，才会有这福分。

徐悲鸿不遗余力地研究收藏世界各国的艺术，是为了创造属于中华民族的自己的、中西结合的艺术形式。我看徐悲鸿的艺术作品，首先他自身存在着我们自己民族的艺术基因，这一基因渗透在他艺术表现每一

个细微之处，这不是外在的加入而是自然的融合，哪怕是他画一幅人体素描，都包含着他抒发本民族的审美要求。徐悲鸿的艺术探索之路告诉我们，首先自身具有本民族的文化基因，才有条件创造自己的民族艺术。

徐悲鸿学术思想两大要素，构成徐悲鸿学术思想的完整体系，成为指导创造现实主义绘画的宝典，是经得起历史和时间考验的艺术科学。我们无论从哪个角度研究徐悲鸿，都是有现实意义的。

现代艺术思潮泛滥，我们更要高扬徐悲鸿的现实主义艺术大旗。凡有人类的地方，就有现实主义艺术的土壤，现实主义艺术，是永恒的艺术。

赵瑞椿

1935年11月21日出生于浙江温州，1959年毕业于中央美术学院。1959年至1971年任教于广州美术学院，1980年至1982年任教于中央美术学院，1984年起任广州画院专业画家。

在学期间，师从韦启美、李斛、靳尚谊、侯一民学素描；从李桦、古元、彦涵、黄永玉攻创作，在造型基本功和创作两方面打下了良好的基础。擅长版画、水彩画、磨漆画、速写。

作品先后赴十多个国家展出，有多件作品在国内外获奖和被博物馆收藏。专著有《木刻技法初步》《素描基础训练的步骤与方法》《网版技法》《论绘画速写》《版画教学结构初探》等。木刻作品《归来》(1962)、《亲爱》(1980)、铜版画《永远的微笑》(1995)，三件作品收入《中国百年版画》大展及画集。木刻作品《归来》(1962)，收入《中国美术全集》，铜版画《永远的微笑》 收入《中国美术60年》大型画册。

1998年10月,在出访意大利期间,在佛罗伦萨“学院画廊”完成对米开朗基罗雕塑的现场素描写生工作。

2004年至2011年,用八年时间完成油画细密画《永嘉旧事》长卷。1982年传略收入日本出版的《中国美术家名鉴》，1988 年收入英国欧洲出版公司的《世界名人录》， 曾任中国《三版》研究会秘书长、广州画院艺术指导。

现为中国美术家协会会员、中国版画家协会会员、广州画院国家一级画家。

前　言

徐悲鸿纪念馆：

我敬祝徐悲鸿家人与全馆职工永远幸福安康！

贵馆是中国展示、研究、弘扬徐悲鸿先生艺术成就和民族精神的专业单位。我有幸公开应征贵馆于2005年主办的“纪念徐悲鸿先生诞辰110周年全国书画艺术分科展暨邀请展”，因参展论文获二等奖与人物画入选而进入研究学者行列，从此一道弘扬徐悲鸿先生艺术成就和民族精神，能将我平生所学所能发挥在有意义的要点上，能在民族画家徐悲鸿先生研究中贡献力量、增光添色，我深感荣幸。

贵馆是在首都向全国人民和外国人士展示徐悲鸿先生杰出成就的公共场所。我仅仅是基层县级美术协会主席团成员，只能在基层宣扬，向上一点是在市和省级场所开研讨会、展览会，来宣扬徐悲鸿的光辉人生和事迹而已。

我组织了“第一届龙港学术研讨会”、“第二届县图书馆研讨会”，在《今日中国》杂志发表《以史明鉴，促进中国文艺发展》论文，在安徽省城合肥久留米美术馆举办《诗书画魂中国情》画展，在老家抗倭历史名城金乡卫城举办《诗书画魂中国情》汇报展，这一系列的专题活动无疑推动了基层、市、省级的人民群众热爱徐悲鸿先生，了解徐悲鸿先生的代表作《会师东京》。

我于今年4月11日参加在温州大学成功举办的《徐悲鸿研究补正》首发式与捐赠两部著作座谈会，是与温州市同仁的一次交流。他们热情洋溢的发言证明我研究方向对头，切入点准，把握得好，非老生常谈。于是我信心十足地在本著中进一步系统地叙述了论证主题的七大证据。

本人这次专程来北京是想完善关于徐悲鸿先生创作顶峰作品《会师东京》第七个论证的核对，《徐悲鸿研究补续》是进一步论证《会师东京》是徐悲鸿自认“主要者”作品的学说书籍，是《苍南学术文库》从书中的一部。因此，我再次来到当日查阅资料的人民大学图书馆核对以前所复印书的原版，唯恐有差错。

根据国家《著作权法》第22条第一款规定，有12种可不经著作权人许可（不向其支付报酬，但应当指明作者姓名、作品名称，并且不得侵犯著作权人依照本法报享有其他权利）就可以使用的情况，第一种是：个人学习，研究或者欣赏，使用他人已经发表的作品。第二种：为介绍某一作品或某一问题，作品中适当地引用。我既然是公开获奖进入徐悲鸿研究行列的学者，又十年如一日地在认真进行研究，而且还有主要论据还没有完成举例和证明，本书要进一步完成主题就不可避免地要使用徐悲鸿纪念馆以及徐悲鸿家人的著作，或者其他学者著说以及间接发表的书刊和照片。据此，我在《徐悲鸿研究补续》的引证上所用的图片或照片，事实或事情只要注明源出何处，且以我手上所拥有的书为准，就是符合情理的。

此行来北京的路上，我先经过安徽省合肥市，我特将《徐悲鸿研补正》原版书和《徐悲鸿研究补续》打样书等交徐静雯教授的学生丁柏明先生，让他交给老师徐教授，也期望能到徐伯阳教授手上。我也特地让《安徽工人日报》记者甘一鸣先生与书法家曹金龙先生过目，还有请城隍庙书店周其绍先生提意见。

我还将同样的书与《龙港首届研讨会会刊》经北京"中国五老展览馆"馆长傅永强先生面交徐庆平馆长审阅。昨天在回龙港的汽车上，我得到徐庆平馆长代理人陈凤赐女士的电话与短信，由她告之徐馆长画油画的儿子徐晋先生的手机号，以方便联系徐馆长。我就转发给傅永强先生，让他尽快面交。此前，陈女士曾先给了徐庆平馆长的手机号码，只是一直联系不上。陈女士曾说再陪我去见廖静文先生，现在积极帮我联系徐庆平馆长和他儿子，我由衷感谢她热忱支持我与徐家的沟通。

徐悲鸿研究任伯年是很成功的。任伯年的后人对徐悲鸿研究任伯年也是很有帮助的。我真想从徐悲鸿纪念馆和其家属成员身上同样得到研究徐悲鸿的帮助。2011年来京后我曾去人民大学见徐庆平院长[①]，可惜当日傍晚他正给校中教师们评职称，不能离席。此后我没机会直接见面。

而我给他的资料都是经院长办公室主任赵朝全老师和徐悲鸿艺术学院付阳华副教授等转交的。去年两本《徐悲鸿研究补正》书样就是付先生转交给廖静文先生和徐庆平院长的。我专题创作诗书作品《傅黄彰徐家诗》原作则由我老乡参事室主任陈进玉转交给徐庆平院长。发表在我所著的这两部研究书籍的封面折页上。

2013年9月开学时，我将两份材料和三大证据经赵朝全交到徐庆平院长手上，他和廖静文先生在9月26日去福州开展览会时，公开来确认《会师东京》是徐悲鸿先生"主要者"作品。我为自己的成果能被确认再次感到荣幸。今后我在《徐悲鸿研究补续》书上发表的各种学术成果如被徐悲鸿纪念馆陆续采用，我更会感到荣幸。因我是靠引用徐悲鸿纪念馆现成的成果起家，证明命题结果，我们都是搞专题学术研究的单位，我前部书上已经有想筹建温州徐悲鸿研究所的想法，但不知能如愿否。

我与徐悲鸿纪念馆及其家人都在发扬光大徐悲鸿先生的艺术成就和民族精神，我们的目的和步骤是一致的，是和谐的，我们的研究和探讨都是在纪念徐悲鸿先生。随着研究一步步深入，我们对徐悲鸿先生的尊敬和佩服也一步步在增加，因为他的爱国精神和奋斗精神是值得宣扬和传承的。他的爱国精神和奋斗的精神是中华民族的精髓。

凡一个成功的男人后面，必定有一个爱他、支持他的女人。徐悲鸿先生的成功之背后，也有爱他支持他的女人。本书就是剖析他主要者作品《会师东京》创作成功的不为人知之内里。事实确实曲折、离奇、引人入胜，但我是在深入事实，确有证据之后写出来的。

正因为人本是血肉之躯，有人性的不足之处，所以方显出徐悲鸿先生的精神可贵，也显出了他得天独厚之源：正直、爱国、爱人才。他深深地感动了我，我深知自己所研究出来的成果就是对国家的一点点贡献，同样，廖静文先生的事迹也感动了我。我为他们夫妻解开《会师东京》之谜是对的，通过对徐悲鸿先生代表作的解读，我自己本人感触颇深：他确实无愧于民族画家之称号。

我是在给贵馆叙述我的十年研究过程：从论文获奖到拿出两部书，得到了许多人的支持和理解，还需要贵馆支持和理解，所以这封信也就作为本书的前言。　　　　傅绍贤　2015年11月8日

---

① 徐庆平2011年时任人民大学徐悲鸿艺术学院院长

目　录

第一部分

·徐悲鸿的妻子·

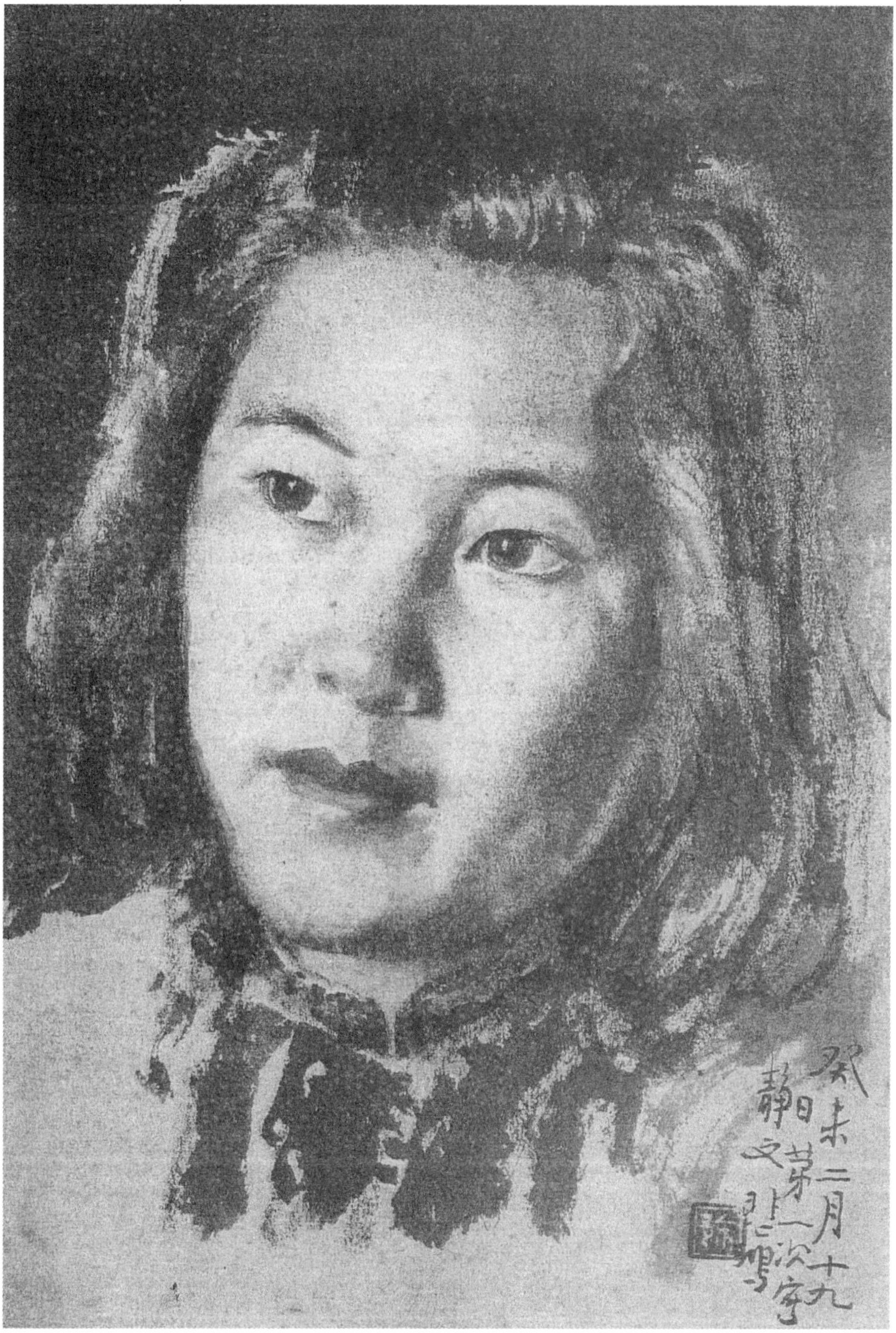

徐夫人像　素描　21cm×14cm　　1943年

原载徐悲鸿纪念馆编《徐悲鸿绘画全集》第二卷65页

一、 点评“廖静文爱妻保存”题字

徐悲鸿先生自认“主要者”作品《会师东京》原作上有“廖静文爱妻保存”题字，写在《会师东京》标题的下面几寸处。

题写的时间是1946年与廖静文经人证婚之后。“廖静文爱妻保存”字样题写的不是一两张，一批精品力作上都有这样的题字。凡徐悲鸿自认为得意的作品，都有这样的题字。就如齐白石先生一样——凡是他得意的作品就写上“齐璜”二字。

徐悲鸿先生有过三任妻子，唯将第三任妻子廖静文称为爱妻，我认为确也只有廖静文配称“爱妻”。他也曾给她改名，改“学道”为“静文”。“爱妻”是丈夫对妻子最亲密无间的称谓，也是在丈夫的立场上说的。“爱妻”是丈夫心中所爱的“妻子”之意思。反之，以前的也是“妻子”，但她没有纯贞，也就是没有对丈夫纯贞的爱情。我们来看徐悲鸿先生的婚姻详细情况，好理解徐悲鸿先生为何这么称谓廖静文。

徐悲鸿先生元配是父母包办的婚姻，在1912年，父母要他与邻村一位姑娘结婚。年少的徐悲鸿极力反对这场婚事，并不惜违抗父母之命，离家出走。他出生于1895年7月19日半夜，到1912年的时候徐悲鸿仅十七岁，但身无分文的他，终究被家中人找回来和这位姑娘结了婚，入了洞房，第二年就生了一个儿子。徐悲鸿不满这桩包办的封建婚姻，给儿子取名“劫生”，意思是“遭劫而生”。后家人改为“吉生”。他自己原名叫徐寿康，在家中是长子,因逃婚被抓回来结婚，从此便自己改名为悲鸿，意思是飞不走而伤心的鸿雁。

宜兴地方婚俗礼中有一个细节：到了结婚那天，先由媒人和“领轿人”引领龙凤花轿往女家去，要举行“奠雁礼”。奠雁礼之由来已有两千多年，其意义是表示新郎对新娘的爱情坚贞，矢志不渝，即便将来万一丧偶，他也要像鸿雁成单一样，永不再嫁娶。不过往往是用鹅来替代难寻的鸿雁行事。

后来徐悲鸿元配去世，六年后“吉生”也因天花去世。在婚姻上受父母之命、媒妁之言的封建礼教束缚，虽然没有毁掉徐悲鸿一生，但没有爱情的婚姻是半殖民地半封建社会中青年的一个痛苦。称悲惨、凄凉是不为过的。尤其对一个自幼爱好艺术，又极有追求的十六七岁青年而言，不能趁着学习与追求的大好时光努力拼搏，却早早成家束缚了自由发展，真是强其所难，因此给自己改名是完全可以理解的。以地方风俗渊源已久的“奠雁礼”为据，改寿康为悲鸿，一生就用此名。后来，江西省主席熊式辉曾问徐悲鸿有如此仪态万千的蒋碧微为夫人，为何称悲鸿？徐悲鸿便告诉他是与蒋碧微相识之前起的名。

徐悲鸿的元配，是双方没有爱情的妻子。父母包办的短命的元配不能给徐悲鸿心灵和事业上带来帮助，徐悲鸿只是屈从父母之命，做了繁衍后代的工具。他内心对艺术的追求是无法压制且与日俱增的，繁华的国际大都市，有先进于江苏宜兴的艺术氛围，有高明于宜兴的艺术与文化的导师，大上海像磁石一样地吸引了徐悲鸿，吸引着徐悲鸿去追求，去探索去奋斗。1914年父亲病死后，徐悲鸿放弃了家乡三所学校的教师工作，再次孤身来到上海谋求发展。

但他自己自由恋爱的第二任妻子也不能称为爱妻。第二任妻子蒋碧微有一句发自内心的名言：“他不应当与我结婚，应当与艺术结婚。”

这是蒋碧微的遗憾，也是徐悲鸿的遗憾。这也就是他们最终离异的主要原因。徐悲鸿独持、固执的艺术追求，却为蒋碧微所不能容忍。我们纵观徐悲鸿一生，是徐悲鸿我行我素的、一心追求艺术的一生。机遇是努力中得来的。先是封建婚姻的羁绊，后是几经周折的大上海拼搏。因遇上一位犹太人——哈同花园主人在报上公开征求仓颉像，徐悲鸿经考据后创作了一张水彩画去应征，获得录取。哈同花园总管姬觉弥派人把徐悲鸿用车接进哈同花园后让他担任园中美术指导一类工作。有了在中国创业成功的冒险家所建的哈同花园这座既豪华又有品位的平台，徐悲鸿的艺术自此一步一步走向成功。

由徐悲鸿推荐的同乡蒋梅笙教授也来哈同花园仓圣明智大学任教，因此徐悲鸿顺理成章地进入他家，成为座上常客。对徐悲鸿的家世，蒋梅笙教授了如指掌，对徐悲鸿本人的喜爱之心也与日俱增：甚至在已经订了婚的二女儿蒋棠珍前叹息缺少一个女儿好为其妻，内心对徐悲鸿的喜爱溢于言表。而这句叹息的话，无异是鼓励女儿私奔的定心丸。加上蒋棠珍的童年订婚夫查某不争气来求蒋梅笙教授泄漏考题，更坚定了二女儿私奔的决心。亲戚朱了洲的穿针引线，恩师康有为的周密安排都促成了徐悲鸿以后为其女婿。

徐悲鸿将蒋棠珍改名成蒋碧微双双成功私奔，可谓鸿雁双飞比翼。只是蒋碧微与徐悲鸿离异后，与张道藩二十年暗恋关系公开化，在情人张道藩仍与法国女子素珊和睦同居过夫妻生活后，1958年底开始倒真正成了孤身。不能守其当初威逼徐悲鸿屈服时的誓言，即你徐悲鸿要是和孙多慈继续恋爱直至结婚我不反对，而我要守在家，终身不嫁。但至终成了已明确跟从过第二位男人之妇。当日宜兴这对“展翅双飞”之“鸿雁”始终都没有实现“奠雁礼”。当然他们既是私奔，当初也就没有行这个礼仪的过程。相对而言，此时蒋碧微才是真正的悲鸿、孤雁。因她殡葬在台湾阳明山的坟墓是单圹墓，这不是孤坟吗？不凄凉吗？

我为之惋惜！她原本可不必如此，因她是有良知的，她的自传就是心灵的文字记录，可以说不亚于一个基督徒。叫我感动的是“光第”租居里，在徐悲鸿气愤而走后，她能扪心自问，觉得自己确有不想他回来，自觉有错。在孙多慈去浙江后，心中甚至有无条件与徐悲鸿和好的念头，这些都证明她天良未泯，良知健在。只不过是在婚外恋的苦海中挣扎，未能得胜，至终陷于孤寡一身凄境中。

每个人都需要别人的谅解，尤其夫妻之间。凡本人自传是最真实的心里话，蒋碧微在中国台湾出版的自传分二部书：一，《我与徐悲鸿》，二，《我与张道藩》。其中所述有关爱情的真实性基本是可信的。一个书香门第之才女，表述能力是基本准确的。从书中我看到了真实的徐悲鸿：爱艺术、爱人才、为国家成功作《九方皋》。徐悲鸿为国家培养了无数艺术人才。当发现才女孙多慈的艺术才华时，从不怕流言，直言喜爱并竭力培养。才有今日中国台湾的艺术学院院长孙多慈画家，并有鲜明的徐悲鸿艺术风格。这是成功得其精髓的艺术学生。画家中诗作得如孙多慈的，尤其在女画家中恐怕是凤毛麟角。与徐悲鸿的诗文来往诗味十足,其才情难怪爱才如命的徐悲鸿溢于言表。

诗和画其实是同一件事。其诗如何，其画也必如何：诗是有声的画，画是无声的诗。二人的诗信来往言简意深，皆从心底发出。但这只是艺术灵感相通、相融，随着徐悲鸿仍回到蒋碧微身边，加上孙多慈父母反对，她本人没有勇气力争，就事实上始终没有成为事实夫妻，法律上更无从说起。恋人不管如何相恋都不能称之为夫妻！

我从徐悲鸿的书信集中找到他回绝孙多慈的信。信中明确回绝孙多慈，证明徐悲鸿仍忠于与蒋碧微的夫妻关系。但从徐悲鸿、蒋碧微的夫妻关系来说，却是促成分手的重要因素：高傲的蒋碧微公然表示不怜悯人，也不求人怜悯。徐悲鸿越向她表示悔意，蒋碧微越轻看徐悲鸿。有人公正地评论徐悲鸿不是薄情寡义的人，蒋碧微自叙的《我与徐悲鸿》一书中细腻的描述证实了这一点。所以我个人认为徐悲鸿是忠于当初的鸿雁关系的，因为徐悲鸿从认识孙多慈的一开始就坦诚向妻子承认感情波动，请蒋碧微速回到身边，这不是已经筑起感情防堤，忠于夫妻关系吗？一个人的初衷，是其天良的展示！

但人是血肉之躯，是有感情的动物，再加上人间好事之人的添油加醋和炒作，亦有“疑邻盗斧”之疑心使得非议弄假成真。原本可以挽救与弥补的夫妻关系最终闹得不可收拾，高傲的蒋碧微不存“怜悯”和“谅解”四字才至终断送了徐蒋夫妻生涯。徐悲鸿有悔悟之心，蒋碧微却无怜悯之意是《我与悲鸿》一书中交代的离异的准确答案。徐悲鸿自己为著作人的《徐悲鸿书信集》中，徐悲鸿有给孙多慈回绝断情的信，双方的文字印证了第三者已经摒除在外。就孙多慈而言，是徐悲鸿精心培养成功的徐派艺术人才，曾经有过恋爱，仅此而已，与夫妻二字挂不上钩。倒是蒋碧微最终在1945年12月31日经律师公证脱离了夫妻关系，从此只能称作徐悲鸿曾经离异的妻子。

夫妻的关系是建立在真实的爱情根基上，也建立在夫妻房事一体上。《圣经》上说：“二人要离开父母成为一体，既是一体就不可分开。”从生理上到生活上，事业上，夫妻是最好的互补和帮手。太阳是阳，月亮是阴。人间普遍将男人比作太阳，将女人比作月亮。男人贵阳刚正气，女人贵温柔体贴顺从。

自从法国留学和成立“天狗会”时结识，蒋碧微的美貌和气质就深深地吸引了张道藩，他便拉开情网来网罗她。蒋碧微确也曾像徐悲鸿一样有筑起感情的防堤，蒋碧微原先也拒绝引诱，也曾闭门推出窗前月,就是在与张道藩的暗恋整个过程中,波折起伏，非无挣脱之心。

值得惋惜的是蒋碧微苦恋中受良心责备，子女日大心益虚，在素姗面前心虚，最终退出张道藩怀抱孤身到死，真不知为什么不原谅在她面前诚实表示悔悟之意的徐悲鸿先生？人总难免有错，因为是人。自古人生谁无错？ 双方原本对婚外恋都曾筑起过抵拒的感情防堤：是一致的。可惜一个肯改，一个不肯改。不肯改的不原谅肯改的才造成了徐、蒋婚姻的悲剧，蒋碧微最终孤身一人老死是自食其果。

张道藩介入徐悲鸿家中远比孙多慈来中央大学读书早，婚外恋之毒素潜入体内到体外显现，不是外人能说得清道得白的事。阳性的男性显露在外是可明显看见的，阴性的女性是隐藏在内心的，不是明显可见的，但有过婚外恋的结论是可以下的。1945 年12月31日不是徐悲鸿与蒋碧微婚姻破裂的真正时间。夫妻是从心灵上的结合到肉体上的结合过程,体内之毒只有病人自身清楚。世界上有一句公认的衡量人品标准尺：“肯承认自己错的人是伟大的人，肯承认自己民族错误的民族是伟大的民族。”德国人承认二战罪错是得到世界人民的宽恕和原谅的。蒋碧微自堕入张道藩情网失身的日子方是徐蒋婚姻破裂开始计时日子，因为她与徐悲鸿身体上的合一被破坏了。

但这个日子只怕永远是个谜，因为蒋碧微没有具体交代，是隐讳的，是阴性的。徐悲鸿坦诚认错但得不到也有错的人宽恕和原谅，其以后的再结合是情有可原的行为！上天是公平的，蒋碧微虽然仰起高傲的头，最后却反被婚外恋之毒瘤所吞噬。社会的舆论和自己的良心都认定插足人家的家庭有罪。蒋碧微没有资格高仰起虚伪的头。做人要干净：有了污垢洗涤后的干净也是干净。因此徐悲鸿最后一次拉着蒋碧微的手痛哭的眼泪已经洗掉了自身过错，叫人不好对此诚心悔过做任何非议，这是在夫妻两人最真心赤诚坦示的时候之表示。男人有泪不轻弹！痛哭示悔意何深！徐悲鸿不是城府很深的人，是一个童心童态的人。正是这样赤诚的表示反被高傲的蒋碧微轻看他懊悔的眼泪。两人内心的交流不通，冻结了徐蒋夫妻关系。此后蒋碧微书中记录徐悲鸿还有试探性的表示，蒋碧微却愈探愈回得坚决。

要是现在徐悲鸿复活看到蒋碧微的两部自传，再回到当时痛哭流涕的房间，是否还会那样伤心自责呢？我可补充说属于阴性女人的内心世界，对于徐悲鸿这样正直的男人来说，万万没想到竟是这等的复杂。《圣经 • 旧约 • 列王传》所罗门的《传道书》上有一句话："看哪，一千个男子中我找到一个正直人，但众女子中，没有找到一个。"

蒋碧微用情人的细腻来比出一心扑在事业上的丈夫的粗疏。只以为照顾了两个孩子就以为完成了妇道任务。以自己为中心挑剔丈夫的不足之处。徐悲鸿实在难经挑剔，也难忍挑剔。有了有光环的情人张道藩夹在中间，且躲藏在暗处，徐悲鸿对艺术有执著追求的嗜好更加难维持和发展了。

婚外情是家庭的毒瘤。如没有蒋碧微自己亲笔所写的《我与张道藩》详细描述了相恋相爱过程，世界上的人也难以做出比较公正的评价的。人贵相互体谅，彼此宽恕，尤其在夫妻之间。

徐悲鸿生活在国家遭遇日本帝国主义入侵的同时，家庭也遭受着隐蔽情敌搅乱的生活环境里，心灵受到严重的摧残和压迫。在高度压迫之下，徐悲鸿却产生了艺术灵感，在徐、蒋夫妻没有重圆指望的情况下，在最偏僻的地方创作了二战预言画七狮《会师东京》，并于1942年秋画成初稿这一张画，蒋碧微的回忆录根本没有记录。我们来看蒋碧微所知道的较重要的几幅油画和徐悲鸿为她所画的油画目录：

一、《田横五百士》油画，绘田横一袭红袍，满面悲愤，身后侍立五百徒众。大约有六尺高，九尺宽。

二、《伯乐相马》油绘，一人牵马，马作怒嘶状，伯乐顾而相之。大约有五尺高，八尺宽。

三、《若大旱之望云霓》油画，旱魃为虐，泥土龟裂，有羸牛渴喘，农人以手遮目怅望天际骄阳高悬。大约有七尺高，九尺宽。（这应是《徯我后》）

我的画像：

一、《凭桌》油画，在巴黎郊外避暑时作，我坐在一张红木桌旁，桌面光漆鉴人，当中有一盆大红花，和我头上一个大红夹子，相互辉映。大约有二尺高，三尺宽。

二、《箫声》油画，在巴黎第八区六楼画室作。绘我在吹箫，画面于朦胧中颇具诗意。法国大诗人伐莱理见了极为欣赏。曾在画上题了两句诗。大约有三尺高，一尺五寸宽。

三、《裸裎》油画，作画地同在巴黎第八区六楼画室作。绘我在赤裸之半身，大约有二尺高，一尺五寸宽。

四、《慵》油画，作画地同在巴黎第八区六楼画室作。大约有二尺高，一尺五寸宽。

五、《静读》油画，作画于巴黎，我穿着沪上所制之宽袖短衫，静坐读书。大约有二尺高，一尺五寸宽。

六、《韵律》油画，作画于巴黎，写我斜奏小提琴之侧影，此画现为我所藏。有一尺五寸宽，一尺三寸高。

七、《传真》绘于南京丹凤街寓所。写我斜坐沙发扶手，仅较真人略小些。徐先生一九四八年旅星(新加坡)期间，据当地友人见告，他将此画高悬壁间。大约有五尺高，三尺宽。

此中《若大旱之望云霓》油画应是《徯我后》之别称。根据以上我们就可推断二战预言画《会师东京》蒋碧微根本没见过。因为在1943年3月21日，其父蒋梅笙百日期同日揭幕的徐悲鸿重庆画展上此画并未画好，故未展出。七狮《会师东京》完成于1943年6月6日-8日。

1943年暑假，蒋碧微特将长子徐伯阳和女儿徐丽丽送去跟徐悲鸿到青城山度暑假，明显心有不甘。上苍公平地怜悯徐悲鸿这个中国正直男子汉，为国破家残之时的徐悲鸿预备了一位纯洁的天使来拯救帮助他。

重庆“光第”租房里的五十天，证明徐悲鸿“恋家”，蒋碧微心中既装上了对张道藩的爱，已容不下原先的爱人。外人看来虽然还是这口井，但井中装满了不断投进来的石头，已经将贴近到水面，浅浅的水面下就是满满的石头块，这些石头块是一封封充满刻骨相思的情书，是张道藩不断地寄进来的，如果这口井是封闭的泉源，关闭的井，重庆“光第”租房的五十天，则应是破镜重圆的蜜月。我们来看蒋碧微的记述：“中山大学距重庆二十多里的沙坪设校，徐先生回家时，他曾说一礼拜要在中大住三天，只有四天在家里，可是这时候他却非常地恋家了，他宁愿每天挤公共汽车，天天回家。我心里不禁暗暗地感叹，回想当年在南京，我曾多么希望他少去中大，而他却非去不可，连晚上也尽可能地在那里逗留，现在我宁愿他在中大多耽搁几天，他倒每天都要回家来。”

“人心已变，不能再住下去了。”徐悲鸿觉悟后愤愤离开“光第”租房。破镜重圆之梦是无法建立在向张道藩敞开的水井上的。一个女人的心如偏于邪，对恋家、愿意和好如初的男子，结发丈夫最终是有愧于心。此次和好尝试不成功，也坚定了徐悲鸿以后不愿再试的决心，也是中国台湾阳明山第一公墓最高处蒋碧微女士孤坟形成的原因。

一个男人，忙于工作、创作，是需要人照顾的，日常生活必须有人料理。女人就是男人的帮助，就是男人的另一半。一心扑在事业上的徐悲鸿，在蒋碧微的回忆录中，就是在南京的“危巢”建成后已有身躯弯曲佝偻的描述。蒋梅笙的丧事夜，蒋碧微再次拒绝徐悲鸿和好的要求。“光第”的五十天同居无法达到和好，显然冰冻已经三尺多。感情破裂是婚姻破裂的等号，此时才下定决心再找另一半，徐悲鸿是无罪的。而他的下半生决定将取决于另一半是否贤淑。

对有两个子女，已近半百的徐悲鸿先生，廖静文是敬重与敬爱，廖静文一心劝其与蒋碧微和好，也希望有更适当的人来照料徐悲鸿先生的生活，也曾依照本身愿望去重庆读大学，可是对工作繁忙、身子虚弱的徐悲鸿先生，实在放心不下。人世间最崇高的就是爱。廖静文对徐悲鸿先生是纯洁的爱，是冰清玉洁的爱，是“简·爱”式的爱情。

人说不知情为何物，实际上情由爱生。同病相怜倒不一定是生相同的病，只要同在苦难中就能产生互怜互悯之情。廖静文来自湖南一个偏僻的村镇，受到种种的迫害，辗转来桂林，盼望在这里寻求升学或工作的机会。经张安治初试后，又经徐悲鸿复试得满分，从而进入中国美术学院图书馆当管理员。在一个夜晚感冒着凉后，感受了徐悲鸿的长者胸怀之宽阔，不知不觉中产生依恋之情。理智又让廖静文接受父亲和姐姐的劝告，退出还未完全解决清楚的徐蒋婚姻关系。要不是徐悲鸿及时赶到嘉陵江畔，历史上就不可能有徐悲鸿纪念馆的馆长廖静文了。①

“静，上天对我是宽厚的，只差一步，我就永远见不到你了。我要感谢苍天。”“静，我怎么还能跟蒋碧微和好呢？你太天真了。而且她是坚决拒绝和解的。我和她分手已经多年，这与你毫无关系。”“也许她现在愿意和解”，廖静文对徐悲鸿说，并将父亲和姐姐的信拿给他看。他痛苦地摇了摇头，激愤地说：“不，她绝不是这个意思，只不过破坏罢了！她在她父亲灵前说的那些话是我记忆犹新的。”当廖静文再次在风雨闪电中摔倒被徐悲鸿抱回室内后，徐悲鸿握着廖静文冰冷的手说：“亲爱的静，我深知你的忧虑和悲伤。毋需为我考虑，你做愿做的一切吧！而且我最近常想，你是这样的年轻，我原不应爱你，我很怕，很怕我不能给你幸福。”

这些发自内心的肺腑之言，是一个正直男人的直白，得苍天怜悯的及时表白，是以后天下有徐悲鸿纪念馆和馆长廖静文的基础根基条石。

在廖静文1943年夏在青城山“天师洞”的记录里，有一段话：“徐悲鸿先生在这里独居一室作画，先后画了屈原《九歌》中的插图：《国殇》《山鬼》《湘君》《湘夫人》《东皇太一》《云中君》等，且将《国殇》及《山鬼》两幅画成大幅国画。是诗人借一位美丽的山神怀念一位公子，象征诗人怀念故国的心情。也正是这种热爱祖国的感情，支持先生从事这些创作。”这些画作都是成功创作七狮《会师东京》以后画的。

在感情的漩涡中，廖静文尽最大的勇气和毅力从徐悲鸿身边飞走，到成都去读金陵女大。“静，不要总是想念我，要用功读书，我不喜欢不用功的人。”“先生，我对您的思念是无法抑制的。但我学习得很好，我没有忽略任何一门功课。可是我今天看到你消瘦了，心里很不安，我想……‘你想什么呢？’我想不能总是一个人，身边没人照顾，您还是应该赶快找一位合适的伴侣。”“静，感情这个东西就是如此神奇。有时我画得疲倦了，很想立刻见到你，但是我不能去搅扰你。”“先生，您没有答复我刚才所说的话，您不能总是压抑自己的感情，必须有一个人照顾您的生活。”“静，如果我眼中还有你的影子时，我怎能去爱别人呢？而且你的感情是如此深沉、真挚、纯朴，在你以前，我从未感受过，也许这是世间少有的。我宁愿等你四年。如果四年以后，你在金陵女大毕业时，爱上了别人，我也将无怨言。”“先生，您已48岁了，再等四年，便是五十多岁的人了，你不能再等待我！只要您有了爱人，我会默默地从您身边走开，把我的位置让给她。”“静，爱情之所以宝贵，是因它不能被替代。如果现在有位天仙下凡，她将人间的美貌、德性、智慧集于一身，也不能替代你所给予我的幸福。”

长期的过度辛劳，徐悲鸿身子几乎将要垮了。他的老友陈离先生对廖静文说：“徐先生一个人单身挺过了七年，真不容易呵！你何必一定要读大学呢？你在他身边也能学习很多东西呀！为了使他对国家多做贡献，你应该做点牺牲，你不能只顾自己呵！”陈离先生的两张从成都返往重庆的飞机票将廖静文与徐悲鸿送回到磐溪中国美术学院。从此，廖静文就细心照顾徐悲鸿的生活起居。心灵上得到知音的滋润，生活上得到爱人细致的照顾，廖静文帮助徐悲鸿度过了1944年的大病鬼门关。

虽然过多的灾难摧残了徐悲鸿的身体，廖静文细心的照料维系了徐悲鸿生命的延续。蒋碧微的回忆录里有德国医生的预言，称徐悲鸿最多只能再活十年。如果中国第一届文代会上徐悲鸿脑溢血复发时不是粗暴的外国医生不听廖静文意见而误延了抢救时间，徐先生起码能活下来的，甚至有少留后遗症的可能。廖静文提醒外国医生，徐先生就是脑溢血，及时抢救就行了，是外国医生把舌板伸进徐先生口里引起反胃呕吐而立即恶化了病情，此举断送了徐先生的性命。当时如是寻常熟识的老医师治疗，及时抢救就一定能活下来。

碧微的回忆录里最多活十年的预言，是廖静文细心照顾成绩的褒奖品，“最多十年”变成”最少十年”不是明显的现实吗？一个纯洁的处女，为被拒绝归家的男人献出了宝贵的青春怎不被这样的男人称之为“爱妻”呢？廖静文谱写的爱情歌曲实在是中国的“简·爱”翻版，而且更有格调。

徐悲鸿先生一生贡献良多，对国家，对社会，对中国的美术事业、中国的教育事业贡献良多，要求的甚少。只有廖静文给他爱最多：在几乎日薄西山的身体境况里，注入了青春生命，生命的燃料，鼓起生命的风帆向前。1953 年9月26日文代会上的累倒是可以救得起的病情，当时的徐先生脉博还是很正常的就是证明。外国医师的误医不但夺去徐先生的生命，更减去了廖静文的功绩，使她耐心细致的照顾护理没得到完美的期望，徐先生竟因洋医的舌板错伸而一命归天。

1946年，徐悲鸿先生在七狮《会师东京》题款下几寸的地方题上了“廖静文爱妻保存”题字。这样题字的画有一大批。这题字显明了徐悲鸿先生在人生的道路上体会到夫妻恩爱的价值远胜世上一切的宝贝，贤德的妻子一生使丈夫有益无损。有幸得到廖静文如此之坚贞之爱，称心得意的作品是当由这样的爱妻保存啊！“廖静文爱妻保存”题字,这也是徐悲鸿内心世界最好的表白，人世间给心爱之人的最高的奖赏！

七狮《会师东京》题款下几寸的地方题上的“廖静文爱妻保存”题字也是我论证七狮《会师东京》是徐悲鸿艺术术创作最高峰的重要证据。徐悲鸿对此画的得意和重视，与我已经由中国美术学院出版社出版的《徐悲鸿研究补正》书中的六大证据，如今可凑成七大证据。七狮《会师东京》是二战中反法西斯的不朽艺术作品，其一、我有国画《信念》与论文《解读徐悲鸿先生二战预言画‘会师东京’》双获奖证书；二、有

《东京审判》电影证明；三、有《徐悲鸿书信》证明；四、有《民国人物小传》证明； 五、有《群狮》错误命名的出版物证明；六、有还不识荆的《名画珍邮》画册证明：其介绍页、其封面、其连页。现在，再加上“廖 静文爱妻保存”题字证明，就有了第七大证据了。

我深深体会到徐悲鸿先生有家不得归，国破家残心灵的伤痛，也深体会到此时得到纯洁处女情爱的欢欣：有缘千里必相会，无缘对面亦不逢。同是天涯沦落人，只因国难聚一蓬。命中该有贤妻的正直中国男子正是久旱喜得甘霖。我核实了徐悲鸿1943年与廖静文初度前夕的“悲鸿第三次写生，癸未春仲”字迹。因一个季节三个月，春仲是三月半左右，这与七狮《会师东京》题字之“翌年五月写成兹幅，易以母狮及诸雏居图之右。”正好是前后相关有力的文字印证，时间上吻合。

徐悲鸿先生从五马聚集于日本富士山下的创作稿于1942年9月24日完成后心中马上又来了灵感，觉得以马象征正义之师尚嫌“言不尽意”，于是试改画成七狮从四面八方奔向富士山顶。当时觉得“狮”谐音“师”是比马好，及至得到廖静文的爱，遂感悟到人间岂能无阴阳配搭呢？

1943年6月6日—8日画成的七狮《会师东京》无论在形式上，在题材上都是向完美方向更进一步了。这张画的成功，得力于廖静文的出现并进入徐悲鸿的生活。徐悲鸿心中对画上清一色是雄狮开始觉悟不完美，觉得应换些母狮的灵感来源于此。因此这张画是徐悲鸿一生最完美的创作，最高峰的创作。在高压境遇里，也看到了光明，也经历了艰难中的甜蜜，难怪他得意于言表:“近年薄有所作，主要者为《会师东京》。”徐悲鸿因外国医生误诊过早离世，廖静文与徐悲鸿只共同度过十年多夫妻生活，虽然时间不长，却是恩爱夫妻的模楷。体贴，同心同德，风雨同舟、患难与共是1949年前俩人的生活总结，1949 年后，为了丈夫的艺术，廖静文默契配合，共同过俭朴的生活，省下钱来收购、收藏古代好作品，不但无怨无悔，而且乐此不疲，这些又是蒋碧微所不能容忍的。徐悲鸿买旧货摊上的旧皮鞋来穿，这事绝对是蒋碧微所不能容忍的，他俩的争吵多是生活细节,廖静文却不会。夫妻能共同节省每一分钱过日子，夫妻能共同不计代价购买看中的好画来收藏,夫唱妇随，彼此融洽。

北京和平解放后,徐悲鸿参定国歌、国徽、国旗，对国家的重大贡献中有着另一半的功劳。廖静文是贤内助，任何男人成功的背后有一个好女人在那里支撑着。徐悲鸿先生没有忘记蒋碧微勇敢挣脱封建婚姻的枷锁，双双私奔的情义，在忠于徐蒋夫妻关系的内心作了最大努力的维系。在弄假成真的师生恋中有过失，有悔悟，《徐悲鸿书信》中就有事实的记录。而蒋碧微的回忆录也是事实的记录，在这两造之间，我们通过心灵上的进入，设身处地地设想其心理活动。所以人之软弱，以能知悔为贵，夫妻本是以两人赤诚相对为准,任何外人都不介入之时是最准确标准,并以蒋碧微白纸黑字为依据,蒋碧微轻看丈夫的悔悟眼泪最终没有给自己留下机会，却留下了夫君归属她人的宽阔余地。换句话说是蒋碧微亲手将丈夫推到纯洁善良的廖静文身边。

陈离先生两张成都返往重庆的飞机票是徐悲鸿沐浴于廖静文爱河的鹊桥，自此将廖静文固定在徐悲鸿身边。因赶画给蒋碧微以达成离婚的一百张画与赎回《八十七神仙》卷的卖画等等事务累垮了徐悲鸿身体，1944年徐悲鸿大病一场，自此健康日损，而廖静文爱心日加。是廖静文日加的爱心，换来了徐悲鸿的“廖静文爱妻保存”题款落在七狮《会师东京》标题下几寸处。人是感情动物，题字是示爱啊！是内心深处，刻骨铭心之爱的文字表述。

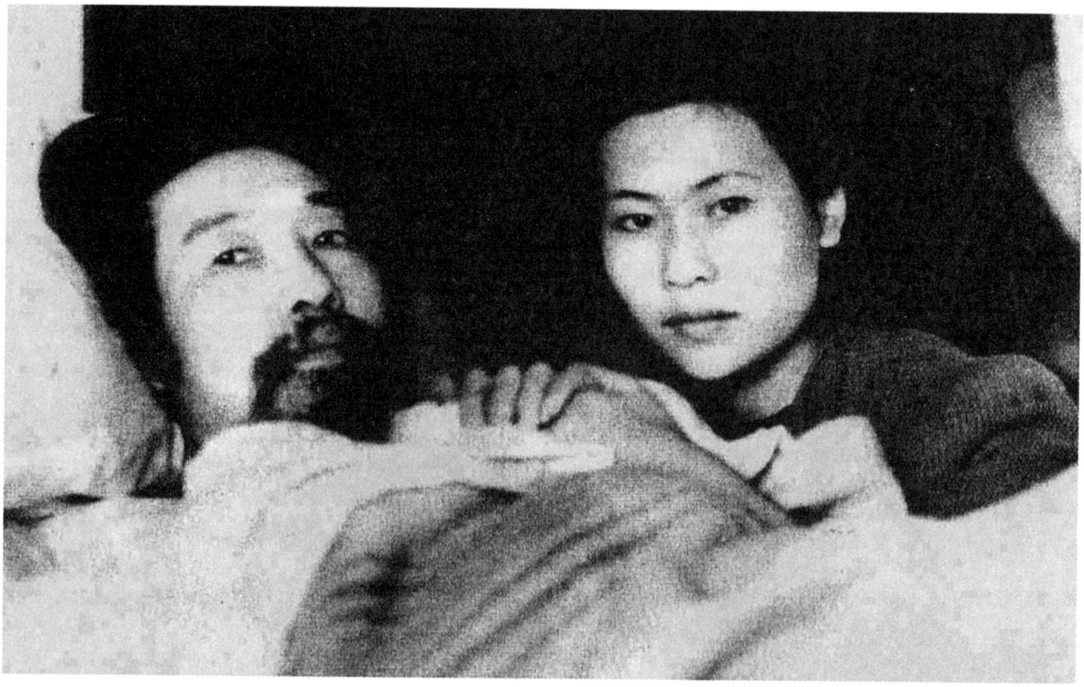

1944年徐悲鸿住院疗病时廖静文细心照料　　原载于廖静文《徐悲鸿一生》第7页

①：一、本书所有的“中国美术学院”与今天的出版社所在单位中国美术学院并无任何关系。廖静文考图书馆管理员的“中国美术学院”是徐悲鸿1942年10月在“重庆盘溪筹办研究性质的中国美术学院。筹备处设于重庆，工作所设于盘溪。计划在阳朔之新坪及其他风景清幽之处，均设分院，以代替庙宇。”本书所有“中国美术学院”不再注释。

二、本书论说引用廖静文著《徐悲鸿一生》。

三、本书论说引用蒋碧微著《蒋碧微回忆录:我与悲鸿》。

二、廖静文生日考证

廖静文是徐悲鸿先生的妻子，网络上就有介绍。百度百科上有一处是这样介绍的：廖静文（1923年4月—2015年6月16日），女，湖南长沙人，1939年考入中央美术学院，1945年与徐悲鸿结婚，曾任徐悲鸿纪念馆馆长、徐悲鸿画院名誉院长、中国书画家联谊会主席、北京荣宝画院名誉院长、上海海事大学徐悲鸿艺术学院名誉院长。

另一处是这样介绍的：廖静文（1923—2015）女，湖南长沙人。1943年后任重庆中国美术学院图书管理员，同年入成都金陵女子大学。1945年与徐悲鸿结婚后，协助徐悲鸿工作并照顾其生活。1953年至1956年就读于北京大学，1957年任徐悲鸿纪念馆负责人、馆长、研究馆员，徐悲鸿画室主任，中华全国妇女联合会常务委员，中国人民政治协商会议第七届全国委员会委员，第八届全国委员会常务委员。著有《徐悲鸿一生》。2015年6月16日晚，廖静文在北京的家中逝世，享年92岁。

我认为这两处网络介绍有好多地方需要订正。第一，生日日期不正确，不是4月；第二，1939年考入中央美术学院明显错误，没这回事；第三，“1943年后任重庆中国美术学院图书管理员”则推迟了年度；第四，说1945年与徐悲鸿结婚也是错误的。徐悲鸿与蒋碧微达成离婚协议时间是1945年12月31日，地点是在中大教授张圣奘家里。而与廖静文公开经人证婚则是1946年1月14日，在重庆中苏文化协会举行婚礼。由郭沫若和沈钧儒证婚，这是法律上夫妻成立（事实上结成夫妻另叙理由）。

徐伯阳曾在原有的《徐悲鸿年谱》基础上进一步校核，增益，与金山历经三十余年考证而合编的台湾版《徐悲鸿年谱》相当精细，可信度较高。我们来看他与金山合编的中国台湾版《徐悲鸿年谱》（出版者：艺术家出版社1991年6月版）书中第258页："（1942年）12月11日，是晚岳父蒋梅笙病故，夜陪蒋碧微守灵，并为蒋梅笙画一张肖像。12月12日，又对蒋碧微试探说：'我是替你著想，也是为孩子们著想，这样下去，总不是办法'！蒋说：'算了吧，我们既已经分开，一动不如一静，你和我个性不同，勉强地再在一起，将来万一又闹离婚，岂不是大笑话，如果你需要女人，尽管去找吧！'12月中旬离渝经贵阳赴桂林，沿途均举行展览，备受欢迎。12月下旬，赴桂林为中国美术学院筹备处招考一名女资料员。报名五十人，由张安治进行笔试考试，最后徐悲鸿亲自口试，廖静文考中。廖静文祖籍湖南，时年十九岁，高中毕业，当时是桂林某文工团合唱队的队员。接着和廖静文一起在七星岩的岩洞里，整理他于战前藏在那里的书籍字画。" 根据以上记录，就可推翻廖静文1939年考入中央美术学院的说法。也推翻了1943年后任重庆中国美术学院图书管理员的说法。她是1942 年12月下旬经徐悲鸿复试考入中国美术学院成为图书管理员的。廖静文原名廖学道，徐悲鸿改其名为静文。网络上只有1923 年生于湖南是正确的，她原是浏阳人，六岁后迁到长沙，所以长沙人一说可成立。另一个不为人知的错误是1923年4月的生日月份。这里一个词和今天的讨论有关，这词是"初度"。初度源出屈原《离骚》"皇览揆余于初度兮，肇锡余以嘉名。"句中注："言父伯庸观我始生年时，度其日月。"指始生之时、出生之日，所以后世也作"生日"解。但与"生日"的用法似乎又不完全一样，而有初始、开始之意，所以《路史》有"初度之辰"的说法，《元史》也有"初度之日"语。这词条与论证廖静文的生日有相当关系,我们看徐悲鸿为廖静文所画的两张素描,据其中有用上初度这词条的,就可分折出准确的日期来。

第一张是徐悲鸿纪念馆、徐伯阳授权的中国台湾艺术家杂志社出版的《绘画全集第二集》第65页徐悲鸿素描作品《 徐夫人像 》,1943年,尺寸为21cm x 14cm。这是癸未年二月十九日徐悲鸿第一次为廖静文画的素描画像。这张画像上的廖静文是一个丰满、精力充沛的少女。第二张是徐悲鸿纪念馆参与编印的《徐悲鸿诞辰一百周年纪念展画册》第五页中《徐夫人像》也是1943年所画。上有"静文初度前夕,悲鸿第三次写之。癸未春仲"的题款 据第三次画的第二张画像上"初度前夕"就可以推断廖静文的生日不是4月。论据一是因阴历有俗定的说法,孟春是正月。仲春是 2 月,季春是 3 月。如换成阳历来说,阴历的正月是阳历的二月,仲春如换阳历是在3月,季春是阳历的4月,徐悲鸿先生的题字是春仲,而不是春中,如是春中,4月是说得通的,但徐悲鸿先生写的是有单人旁的"仲",故此推断绝不是4月。

我查了网络上的万年历,1943年的阴历癸未春仲应是阳历的3月20日,这天刚好是阴历二月十九日。廖静文二十岁初度前夕就是这天晚上,这天又是星期六,符合徐悲鸿只有休息日处理家事的时间,是画上徐悲鸿的题字明确界定了这一时间。而第二天就是3月21日,也就是廖静文二十岁生日,也就是徐悲鸿在重庆图书馆18日预展以后正式画展之日,也就是蒋梅笙逝世之百日,也是廖静文 第一次见到蒋碧微之日。据伯阳年谱的12月 11日徐、蒋守灵堂到廖静文二十岁"初度"期间正好一百天。蒋碧微回忆录中有记录:"亦即父逝世百日之期……不知是巧合,还是徐先生的故意安排,偏偏他的画展也在那一天。"① 初度谜底解开了。

① 见《蒋碧微回忆录:我与悲鸿》漓江出版社2008年1月版235页。

我敢确定“初度前夕”是礼拜天的前夕是有旁证的，就是《徐悲鸿纪念馆》与徐伯阳合编的中国台湾艺术家杂志社2001年3月版《徐悲鸿绘画全集》第65页《徐夫人像》，其上题字是“癸未二月十九日，第一次写静文，悲鸿。”这天正是的万年历1943年的阳历的二月十九日，元宵节。“工作狂”徐悲鸿先生一心为公，在教学公务期间是顾不及私事的，只有在法定休息期间才有时间来理会私人家事是实在的。廖静文这次被画像是少女形象，而第三次画的那张像憔悴多了。这是由于感冒，身体虚弱了，你看那眼神和眉角边的光彩都略显虚弱，颧骨柔软的过渡与鼻子边的一笔黑影，正传神地道出煤油灯光前廖静文的颐期盼望，徐悲鸿的画笔不就像照相机一样记录了当时的情形吗？容易冻人的阳春三月不正冻出了廖静文的爱情吗？

廖静文协助徐悲鸿工作并照顾其生活，年谱上已经记录明白报到时就开始。因图书管理员本身就是助理，明摆着帮助徐院长整理所收藏的书籍，协助工作不是证婚后的事是不言而喻的。

徐悲鸿1943年春天2月19日与3月20日所画的两张素描廖静文像是珍贵的历史记录，将廖静文的天真少女形象与开始坠入恋爱的少女的神态刻画得维妙维肖。画上的题款是计算廖静文生日日期的最佳提示。没有这两张画的题款，我是无法推算出来的。题款严格地界定了生日前夜的特征，我只破译了何时是“初度”，就进入被启开幕布的廖静文内心世界，也解开了1943年3月21日众多大事集中的谜团。这天观众就像潮水般地涌向重庆中央图书馆观看画展，廖静文与观众一同被徐悲鸿作品深深吸引。廖静文挤在观众堆中，倾听热烈赞美之声，分享徐悲鸿先生的喜悦，也开始了跟随徐悲鸿先生丰富多彩的传奇式人生。

三、廖静文何时结婚

廖静文何时结的婚？我在《廖静文生日考据》一文中是说1946年1月16日在重庆中苏文化协会经人证婚，证婚人是沈钧儒和郭沫若。就是我个人认为那天不是结婚，只是经人证明她与徐悲鸿已经是法律上的夫妻。而他们法律上正式成为夫妻之前有个前提：当她与徐悲鸿在相爱到心灵合一的时候，身体也就必然的会合二为一了。所以只有心灵上的合一，肉体上合一，才叫做夫妻，二造合一之际才是结婚。

民国时期的婚姻法是不完整的，没有领婚证这个手续，普天下基本上都是这种事实上的夫妻。当时法律上的夫妻与事实上夫妻比例之差距是很大的。廖静文是特殊情况，是必须要履行法律夫妻的情形，所以要证婚。而她与徐悲鸿的合一，是在生日以后发生。我有蒋碧微的回忆录文字相印证。廖静文生日前一个月似平镰刀之夜，因关心月下徘徊的徐先生，为他披上大衣。第二天廖静文病了，是感冒发烧，此唯徐悲鸿一个人知道病因：昨夜是她把大衣给他，自己反倒着凉了。所以，徐悲鸿每天都要到廖静文的床前探望她，摸摸她的头，给她量体温。而每天，廖静文都是在盼望着他的到来中度过。一种不同寻常的感情在两人之间蔓延开来,把轻纱捅破的是廖静文。有一次，天快黑了，徐悲鸿还没有来，她等了又等，想到他大概把自己忘了，便再也忍不住，伤心地哭起来。正好这时，徐悲鸿来了，廖静文不知哪来的勇气，直直地说：“我哭是因为你今天没有来。”简单的表白深深地感染了徐悲鸿，两个心灵相通的人走到了一起，这也就是说相爱到结婚的先决条件已经具备了。

蒋碧微在岳麓书社出版的《我与悲鸿》回忆录第410页中就有相关记载："自从父亲死后，悲鸿和我很少见面，因为心理上彼此都有前尘已了，情义早绝的感觉，忙碌到连伯阳从军这种大事都不曾稍微分心。那么他到底在忙什么呢？晚秋时分，答案揭晓，悲鸿始终都在忙于高歌'关雎第一章'，几经挫折，仍无所成，于是他又跑了一趟桂林，别出心裁地登报招考女职员，结果选中了一位十九岁的湖南籍女学生，名叫廖静文，然后院长和管理员同车，乘车经柳州、独山而贵阳，再搭公交车到重庆磐溪，起先廖静文与张茜英同室，后来她爽性搬进了院长室，公开与悲鸿同居。"① 这是最有力的旁证。不过这里蒋碧微将徐伯阳参军的时间搞错了，徐伯阳曾有专文在其回忆录后面纠正。徐伯阳参军时间是1944年，而不是此时，就1942年晚秋冬季里，离当兵时间还差好远，怎好埋怨徐先生连伯阳从军这种大事都不曾稍微分心呢？

我这里还有蒋碧微的话作廖静文二十岁生日之后欢沐爱河的依据：蒋了解到廖静文与张茜英同住的房间后来用木板隔开，她和悲鸿睡床上铺的是稻草："房间凌乱，饮食失常，卫生条件尤嫌不够，"② 属实。我之所以不将经沈钧儒与郭沫若之证婚混淆，因法律与实际确是两码事。法律事实与婚姻实际是有相同处，又有不同之处的。而共沐爱河是廖静文等徐悲鸿回家等哭了以后便会发生的事。心灵既相通，肉体的合一是精神上的热恋之后的正常好事。他们以后虽历经磨练，但始终保持精神与肉体的合一，正所谓一生有始有终。

① ②：引自《蒋碧微回忆录：我与道藩》，岳麓书社版第410页.

徐夫人像 原载徐悲鸿纪念馆《徐悲鸿诞辰一百周年纪念册》第五页

四、两个不同意义的爱情

蒋碧微是对徐悲鸿一生影响很大的女人，是第二任妻子，徐悲鸿从梦幻境中觉醒的时候，她未肯饶恕。而她自已却在愧对素姗的心理中与张道藩同居直到1958年底分开。最后一人二十年孤身独居终老死于台北。蒋碧微生于1899年2月29日，死于1978年12月16日。度过人生阳世间八十岁少73天，两部回忆录被海内外读者欣赏。可谓中国文化名人中的女名人。而第三任夫人廖静文自1942年冬与徐悲鸿相识、相知、相恋，自1943年春深共沐爱河到1953年9月26日徐悲鸿逝世，爱结同心，恩深义重十多年。这二位夫人的经历不同，意义也不同，但相对来说都是有意义的。我试从爱的角度上来说问题。蒋碧微说她一生爱过两个男人。事实确实如此。蒋碧微有良好的是非之心，细腻的女性情感世界。可惜中国现代绘画之父徐悲鸿先生一心扑在艺术事业上，一心扑在艺术创作上，一心扑在教育事业上。更有人评论徐悲鸿“向来天马行空、自来自去，根本别指望他照顾同行”。在夫妻的角度上来说，不是称职的丈夫，在子女的角度上来说，不是很称职的父亲。拿蒋碧微的话来说徐悲鸿应该和艺术结婚，而不是和她结婚。但这不是徐悲鸿先生的过错，正是徐悲鸿先生的独特之处，是优良的本质，因此对家庭和妻子照顾不周，情有可原。古人云：忠孝不能两全，必有所轻，国家和家庭必有轻重，以国家大事为重应该得到理解和支持。以国家为重者，重于以家为重者。凡以国家大事为重应该得到理解和支持。徐悲鸿先生是难得的爱国画家，是杰出的爱国画家，难有比肩。

蒋碧微有一点，就是在爱情上不容她人插足是对的，是可理解的。并能得到人们的同情。就是本身又同样移情于他人，也同样得到别人的同情。但如自己可以，别人不可以，就不对了。我看过很多的书都评说蒋碧微“得理不饶人”，其实这话是不正确的。太阳是光亮的，自古比作男人。月亮似明却不一定明，自古把它比作女人。蒋碧微如不如实写出回忆录，一切似明似暗，谁敢下结论？如那样，我们是无法下正确的结论的。但她的自传如实写出来了，据此，我就可说双方都是忠于当日私奔的婚姻的，双双都曾建筑过感情防御工事。岂知世事难料，阴差阳错，但都移情别恋，双方难复团圆。但最终结局，并不坏！都值得研究探讨后公平、公正地给予评价。

人的爱，两性之间的爱，是以夫妻关系的存在来论。友情的爱，是另一种爱，不在讨论之列。只有夫妻关系存在，才能说爱和不爱，或者说才能衡量爱和不爱，这是我今天评论的前提。还有一种可以说是爱，也可以说是恨，但最终还是爱！如果爱得有多深，则恨得也有多深，是恨铁不成钢之恨。有人说爱情是自私的，是独占性的，应该说确是如此，爱和恨也就自然而然地产生了，正犹如一块金币之两面，但同是一个金币。

在蒋碧微的心中，是确有对徐悲鸿先生的爱存在，也有忠于爱情的初衷。她对徐悲鸿先生的爱，是她对青年时逃婚理解。对他心仪是仰慕他人品和才华,一起私奔就是爱的现实。平心而论，确也有只事一夫的愿望和行动。谁知事与愿违：明知婚外恋会受本身良心的责备，但情不由己，一步一步陷入挣扎之中。最后认识到只有离开张道藩的怀抱，心灵才得到解放，良心才得平安。二十年台北独居是心灵平安的日子，也是忠于初衷的表现，她的内室挂的是徐悲鸿为她画的《琴课》。也就是说，如无人介入婚姻，这些事是可能不发生的。可惜因不饶恕人，个人生活又不能独自生存，委身他人是在情理之中，是在事情、事态发展必然之中，也是蒋碧微性格使然。徐悲鸿先生也是实在不得已，既然在“光第”所尝试复合之时已深知人心已变，年龄又一年年地大起来，唯选择离婚是明智的行为。不过他们的离婚是他俩共同为外交家谢寿康策划的以离婚不离家的方式来解决。即主动提出离婚的一方满足另一方要求，或者说基本达到对方要求，双方协议离婚。他们不是法庭对簿，是通过朋友从中斡旋而达到目的，这样是尽到人情而又体面的分手，充满了人情味。这样的结束不是坏事，徐悲鸿还在她要求之外，给了蒋碧微所没有想到的画——《琴课》，这是蒋碧微意想不到的。也是心底的爱的体现，二十年多年的夫妻恩爱情感并非荡然无存，此画始终悬挂于内室，终生怀念。她把徐悲鸿写给她的信，哪怕是一小纸片也都完好地保存到晚年，细节见真情啊！

当1953年9月26日得知徐悲鸿去世的消息，她眼泪如断线之珠滚下来。蒋碧微自始至终不丢弃“徐悲鸿夫人”名分表现在就是和张道藩同居的日子，也从不许人称之为某夫人，如以蒋碧微之名相邀请可以赴席，显示了人格。有人评论蒋碧微以毕生心智完成了张道藩所托三件事，自视“无信不立”的座右铭显示了人格的一方面，但忠于一女不嫁二夫，从名分上来说，还是做到了，她确实守住徐悲鸿先生夫人身份。当日南京傅厚岗“危巢”归蒋碧微所有也在情理之中。

我也曾在文章中称赞蒋碧微不参加国民党，更欣赏蒋碧微不用“某夫人”之举。“一个人越是到了山穷水尽之时，而能自拔，才不是懦夫。”徐达章先生对儿子之勉励，同样适用于媳妇。蒋碧微在愧对素珊的良心阴影下，在感恩的“宗阴堂”苦、甜交错的光阴里，自守一块良心阵地，仍然守住当日“我总不嫁人！”的誓言。即使委身报恩，“嫁人”二字却仍不存在，底线仍存！蒋碧微不是懦夫，是女中丈夫！人中豪杰！其语今日仍然锵锵有声。二十年迟暮生涯，仍然焕发人性光辉。西方人看她是一位有“是非之心”的中国女性，好似一位基督徒，凡事能自省自察，是非比较后选择而行每一件事。若非孙多慈出现，与张道藩是不可能将心底里暗恋成事实恋爱过程的。因不肯饶恕人，自己反而跌倒，不过最终还是站住，理智战胜情感，二十年迟暮生涯，光明磊落之人生结局享誉人间。

她的回忆录《我与悲鸿》中对徐悲鸿诸多指责，但无非是指照顾不周或用钱不当，并非大事。寻常夫妻有抱怨也是家常便饭，完全可以理解。也是作为一个妻子对家庭成员正当的要求，对孩子父亲的要求不算过分。

只是相对“一条筋”的徐先生来说，好像是小学生答大学生所出的题目——做不起！就是徐达章公公也是家中俗务不理的人，不过婆婆是十分勤劳的家庭妇女，二老一生无怨无悔，多少有遗传的徐悲鸿先生，以他这样的个性，作为丈夫和父亲是需要家人理解和原谅的。至于蒋碧微对张道藩的情深意长，微词甚少恰恰是从来就是认定他只是情人而已。丈夫和父亲是有名分与责任的，情人则没有。所以蒋碧微自始至终就以徐悲鸿为丈夫，就是以职责要求来衡量，才生出许多是非来。

据此，蒋碧微对第三者的一切行为都可理解，因此对丈夫的恨都可理解，《圣经·雅歌》有句名言“嫉恨如阴间之残忍，爱情如死亡之坚贞”。此话用在蒋碧微身上是恰如其分的。爱得有多深，恨也就有多深！中国台湾就有《蒋碧微的生死恋》章回小说，蒋碧微的生死恋正是徐悲鸿的初恋。这一对从封建制度里冲出来的恋人可歌可泣，也是日寇侵犯中国南京的产物，没有轰炸南京，徐蒋是不会出现分手另一客观条件的：避难张道藩家就是催化剂，直到二十年独居前才使这个畸形的瓜瓜熟蒂落，从徐蒋夫妻关系中脱离开来。我现在可以说蒋碧微仍然是徐悲鸿先生的夫人。这是尊重蒋碧微的个人心底里的愿望而言的，更何况一对儿女是其结晶！孩提时代的兄妹俩画面竟使我常常赞叹不已！两个孩子脸上的四只明眸是如此的明净、可爱！有如四潭清泉水！有如四颗天上明星！如此迷人！越看越可爱！

但我更佩服的却是廖静文。廖静文初恋得到的是年近五十岁的中年徐悲鸿先生，足足大了自己二十八岁的男人！但是纯净的爱心，敬爱徐先生的心，关心徐先生日常生活，竟忘记了这里面有许多忌讳、许多弊端和难处。

廖静文第一个难处就是蒋碧微心有不甘。蒋碧微对孙多慈是死敌，对廖静文虽没那么强烈，但支持却是不可能。心中因爱而生的嫉恨还是将两个子女以暑假度假为名送过来就是明证。尽管在蒋梅笙灵前对徐先生发誓说：“如果你需要女人，尽管去找吧！”一旦眼看当年私奔苦难所得丈夫将要失去，又苦恨所失，矛盾自现。徐伯阳就在蒋碧微回忆录之后的《一点重要更正》当中说明了母亲心有不甘的事实，他是这样写的："在母亲所写的《蒋碧微回忆录》中说我是1943年参加远征军的，这是她记错了，实际上我是1944年参加远征军的。为了说明情况将我的入伍情况补充如下：

1943年7月，父亲带领中国美术学院的全体正副研究员，一起去灌县青城山写生，那位刚从桂林带来的秘书，19岁的廖静文小姐当然也一起去。因此母亲心中十分不甘，于是托人带话给父亲，要他将两个孩子也带去，父亲答应了。出发那天，母亲带了我和妹妹，还有我们俩人的简单行李，从磁器口从四川省立教育学院教职员宿舍走到沙坪坝集合的地方，将我们交给了父亲。出发时，父亲和廖小姐，还有我和妹妹，坐上了一位企业家杨公度（杨度之子，也是四川省教育厅厅长郭有守的大舅子）的面包车，其他人乘另外的车，出发到青城山。灌县青城山是川西有名的风景胜地，我和妹妹跟着父亲还有廖小姐住在天师洞。其他人住在上清宫和其他的洞中。"

而廖静文在徐蒋以前孙、蒋纠葛中是没有任何关系的，是一张白纸。美术学院招图书管理员是公开招聘，以实际成绩录取，无可非议。跟随徐先生的日子中，得知有前妻与两个子女，一再劝其和好。倒是徐悲鸿明确告之详情："夫妻"已经是名存实亡的死马一匹。因此，在蒋碧微送子女来青城山度暑假时已经以同事身份相处八个月了。此间廖静文渐渐对徐先生发生感情，由敬到爱，由照顾生活到共同生活。《徐悲鸿诞辰一百周年纪念展》画册第五页《徐夫人像》上的题字是："静文初度前夕悲鸿第三次写之。癸未春仲。"初度前夕，第三次为廖静文画像，画上的少女是那么的清静秀雅，忧郁的眼神充满了期待和盼望，神形笔墨无不精彩，分明神来之笔！这张画是珍贵的历史资料！“癸未春仲”中，廖静文感冒后，依恋上徐先生，也将他枯干的心田注入新生希望：女人不可再缺，男人的另一半就是女人！

《徐悲鸿画册》中称为“徐夫人”的画像有四张，第一张是元宵节画的素描，第二张就是这张素描，第三张是1943年画坐藤椅上的廖静文的油画，最迟是1947年画穿兰色服坐沙发上的油画。从四张题名《徐夫人》画而论我可大胆下结论，1943年的春天两人必定已沐爱河。就“初度”含义原指生日之时，而又有初始、开始之意，今徐悲鸿先生为廖静文“初度”二十岁生日画像，也是第二张夫人像。既称其为夫人，春天里就必定经过了合一关，否则如何称夫人？

1943年的春天，俩人既已经渡过爱河，这也就是《会狮东京》题款中“易以母狮与诸雏居其右”的感悟来源。最后画上题“（于1943年6月6日—8日）三二年端阳前后，悲鸿。”这些就成了这幅名画的题跋。

暑假一般七月半开始，灌县青城山度暑假的日子廖静文也有记录在《徐悲鸿一生》第九章第246页上：“令人愉快的暑假即将到来。徐悲鸿先生结束了中央大学这学期的课程，决定携带中国美术学院筹备处的人去灌县和青城山写生作画。筹备处只留下一个男事务员和一个男工看守。最初，我坚决要求留在重庆，因为我将在那里报考大学，但是徐悲鸿先生和筹备处其他的许多人都 劝我一起去，说我可以在成都报考大学，否则，我一个人没有女伴，留在这里很不方便。我心里很矛盾，斗争了很久才终于决定跟大家一起去。想不到，蒋碧微女士也忽然决定让儿女跟着徐悲鸿先生一起去度暑假。她通过吕斯百将这个意思告诉徐悲鸿先生，徐悲鸿先生同意了。”这是蒋碧微第一招，用子女间接干扰。“启程的那一天，蒋碧微女士来送儿女。这是我第二次见到她，她穿着一件花色淡雅的旗袍，脸上仍然敷着浓厚的脂粉，两耳仍悬着像少女那样的大发髻。我们只互相看了一眼，谁也没吭声。她也没跟徐悲鸿先生说话，但她一直是微笑着，显出十分愉快的表情。

徐悲鸿先生的儿子伯阳和女儿丽丽这时都是初中学生。自从父母分离以后，他们一直没有和父亲在一起生活。丽丽九岁时跌了一跤，大腿的胯骨错位，当时喊着疼痛，而母亲竟无暇顾及，没有送医院治疗。后来也就慢慢不痛了，但走起路来，却有跛态。她性格活泼，开朗，自信心很强，学习很努力。伯阳则沉默寡言，缺少初中生应有的活泼和愉快。我觉得在他们的心里可能因为父母的离异而受到创伤。特别是丽丽，连身体也因此受到伤残，我同情他们。”最终儿女有独立思考能力后，反而恨张道藩插足徐、蒋，这是后话。

廖静文第二个难担的担子是出于嫉妒的直接干扰，蒋碧微再进一步地写信给廖静文的亲人——姐姐和父亲，声称自己是他合法妻子。这是最大的压力，廖静文几乎被压跨。廖静文的父亲和姐姐的严厉言辞，如同雷轰电击。其父信中谴责说：“人生虽不能流芳百世，也不应该遗臭万年。”姐姐则劝她立即离开徐悲鸿。可怜的廖静文只好将徐先生为她画的像，辞别的留言信放在桌子上，以决定离开徐先生，但她又放心不下不会照顾自己的徐先生，这就是爱！最纯洁的爱！在爱和谴责声中，爱战胜了一切。《圣经・创世纪》

上明说“上帝看那人独居不好，我要为他创造一个配偶帮助他”。尤其像徐悲鸿先生这样一个一心扑在事业上的人，多么需要人来照料生活！人是感情动物，夫妻是相互理解、支持才幸福。蒋碧微因心被邪念侵蚀，好像夏娃被蛇诱惑了一样，没有专一的心向着徐悲鸿先生。而廖静文一心一意扑在徐悲鸿先生心上，爱徐悲鸿先生胜过爱自己。

第三个难担的担子是好心人的关心，恐怕年纪轻轻的廖静文受不了苦，路湿早脱鞋。如中学时代的同学张镜仪、陈丽，她们都毕业于长沙汀雅医学院，恰在徐悲鸿住院处任医生。她们十分关心地对廖静文说，“高血压这种病很麻烦，即便能脱险，也只能带病延年。时刻有突然发作脑溢血的危险。向好处估计顶多十年！你年纪轻轻，应该考虑以后的日子，陪着这样一个病人怎么能幸福？你毕竟太年轻，你们年龄差距这样大，我们为你将来担心。等他病况好一些，你应该好好考虑一下。总之要三思。”还有来自张道藩身边的人的苦口婆心：“唉！我们都同情你这样年轻，整天守着一个病人。订了婚也可以解除婚约嘛！你何必不为自己的长远着想呢？”就是徐悲鸿先生自己也曾劝廖静文得重新考虑。他的话是这样说的：“静，我知道我自己极其需要你，甚至有时担心你突然从我身边走掉。但是，我仍不免经常想，你是这样的年轻，我是这样衰弱，我不能拖累你。”徐先生越说，廖静文越放不下。

第四个使廖静文难担的担子是年近五十的徐悲鸿过早地出现了衰老，头发斑白。廖静文一心爱着徐先生，对这些视而不见。但徐悲鸿先生为了赎回《八十七神仙卷》，为了满足蒋碧微的一百万元离婚要求，不得不拼命地赶画卖钱，过度透支，小腿浮肿，廖静文恳求徐悲鸿先生去体检，当听到医生告之“徐悲鸿先生血压很高，这在我们医院来说叫做‘病危’，随时都有脑溢血的危险”时，廖静文心脏急速而猛烈地跳动，全身哆嗦，站立不稳。“病危”两个字像一把利刃刺在心上。徐悲鸿先生最终病倒在医院，连面孔也浮肿了，除了高血压，经小便化验，还有肾炎。回忆病史时，是1942年丢失《八十七神仙卷》时曾三天三夜食不成咽，夜不成眠，种下了高血压病根。当时出现高血压，但并未注意。肾炎则是30年代在南京时，曾有一位王苏宇医生检查出他前列腺发炎。这些年来，他东奔西跑，忙于工作，也无暇顾及，在新加坡时由于为画展作画过度疲劳，曾经腰痛得直不起来，肠痉挛症也常犯，如果他能好好调养，也许健康不会每况愈下，以致如此。长期地拼命工作，使他在体力上透支得太多了。

廖静文第五个难担的担子是经济困难。徐悲鸿手上向来留不住钱的。有时有了卖画的钱，他就立刻去买书籍字画，或者帮助穷学生。徐先生住院时要预交一个月的住院医疗费和伙食费让两手空空的廖静文捉襟见肘，饮泪吞声。偏偏徐悲鸿的薪金从进医院开始就停发了。这是蒋碧微领走了徐悲鸿的薪金，这一切真难倒廖静文。吃徐悲鸿剩下的无盐饭充饥，还强作欢颜瞒过一点不知情的徐先生，让徐先生一心疗病，而住院医疗费和伙食费是廖静文长期靠借贷来解决。古人云：水落石头现，患难见真情。享受到真正的爱情的徐先生终于战胜疾病，血压降下来，浮肿也渐渐地消失了。正是“枯木逢春兴生意，润竹甘霖笋出新”。奔波劳碌的徐悲鸿先生在贫病劳累之中获此体贴关爱，铭感深刻，自然而然地在一生中满意的作品上题上“廖静文爱妻保存”字样。

不离不弃，至死相随是廖静文由心而发，政治观点相同，如胶如漆相爱是日常生活中产生。夫妻恩爱于抗战艰难日子，也恩爱于抗战胜利后的解放战争日子，也恩爱于建国初期的地位顶峰日子。三个时期的生活，徐悲鸿得益于年青、一心爱他的廖静文的细心照顾。要不是外国医生主观武断，不听廖静文正确意见，徐悲鸿是可以再活下去的。

1942年底，廖静文报考中国美术学院图书管理员，以第一名成绩参加面试。徐悲鸿考试后郑重地对她说：“我们决定录用你，因为你的成绩是最优秀的，你考虑一下如果去，就马上来工作，因为要到七星岩洞里清理许多藏书，并且是要携带一部分去重庆。如果不去，请你明天就来告诉我们，以便我们在第二名、第三名中继续选择。”我相信第二名和第三名的考试必定接着进行，当时徐廖是主考官与应考生关系。应是廖静文确与徐悲鸿有缘分吧！后来也没有让第二第三名女生进入徐悲鸿的视线。人间从此有了一段佳美的中国“简·爱”诗章。共同生活十多年后的徐先生因外国医生误诊未及时抢救离世，廖静文定格在十多年的爱情诗章显然要比蒋碧微的二十年迟暮生涯绝句高亢、激昂。两处水源，一个是一潭清泉清澈见底，一个是一口水井有石半坑。同一主人，纯情不同。廖静文与蒋碧微是见过两次面的。第一次是1943年春仲后，就是1943年3月21日，徐悲鸿先生的画展在重庆中央图书馆揭幕。观众如潮水般涌来。期间蒋碧微也来了，她当时四十四岁，穿一身深色的旗袍，身材修长而丰满，是以一个观众的身份出现在会场的。这次画展中没有《会师东京》这幅画。因还没画好，这幅画是两个多月后的6月6日至8日才画好的。这也就是说蒋碧微从来没见过《 会师东京》这幅画，创作时不知道，绘画过程中根本不在场。初稿画成后的年底，廖静文来了，并且在《 会师东京 》 画成后的不久一起去青城山度暑假。从情理上来说，廖静文应是知道《会师东京》最后画成过程的。据徐伯阳、金山《 徐悲鸿年谱》264页记录：“7月下旬，带领中国美术学院筹备处的全体研究员一起去灌县青城山写生 。” 至于蒋碧微、廖静文两人第二次见面的情形在此前已经说过，概括为：妒相对而默无言。

蒋碧微是眼睁睁地看着廖静文得到徐悲鸿先生的，但是是她自己在蒋梅笙灵前明确放弃的。“鸡肋”是食之无肉，弃之可惜，蒋碧微最终珍惜，死守徐悲夫人名分倒是蒋碧微人生中有剩余价值部分，给人有好评的事实依据。

蒋碧微死了，其当年随徐悲鸿先生私奔东洋，官费赴欧洲留学办展，将中华文化播向世界，功不可没。她留下不少倩影，丽容画作，光照千秋，中国美术史中是有其地位的。虽然没有参加教育，但丈夫的成功，必有妻子的贡献，也当得一半功劳。夫妻一体，荣辱与共，荣则当得其荣没有错！至于不慎堕入张道藩怀抱不是一人之错。正确地评价第二任夫人蒋碧微是应该的。

而廖静文对徐悲鸿先生只有贡献， 将其一生画作全部捐献给国家， 更是于国有功。夫妻恩爱又是中国妇女的榜样。廖静文一生谱写了一部纯真的爱情史，光耀人间，将中国妇女的善良、朴实形象彰显了出来。

徐悲鸿先生的三任夫人是爱情上经历了一、没有爱情，二、有爱但欠纯真，三、百分百纯真的爱情史，走完人生道路时是浸沐于廖静文纯真的爱河之中。徐悲鸿先生的三任夫人也是中国妇女一步步从半封建、半殖民地的旧中国走向初步解放和彻底解放新中国妇女的象征。不是吗？徐悲鸿先生的第一任夫人，没有求解放的自由。父母之命、媒妁之言，终身决定权不在自身身上，在家由父母，出嫁由丈夫，是任人摆布的附属品。总因命不长，病死家中，儿子也七岁而亡故。母子默默地离开人间，是悄悄消失在徐家历史中，可象征处于封建社会的中国妇女，是当时普遍的妇女命运。因是名人妻子，也就带有代表性质在内。

蒋碧微就不同了，已是觉醒的中国妇女。虽然十三岁时就因父母之命，媒妁之言，终身许配查某人。但因觉醒，察知未婚夫有不求知上进之心，却有开后门之虞，萌生背离之心，终于跟心仪的同乡徐悲鸿先生私奔。敢于反抗，敢于斗争，已经跟上了当时潮流。到了外国，虽然更加开放，但因中国的传统礼教，蒋碧微还是有操守的。抗战时期，痛恨日寇，热爱祖国，有民族情怀，也参加抗日支前。除了南京沦陷之后的身心被掳于张道藩，别无什么过失的。 妇女走上自力更生道路，也因家庭变故等原因在她身上体现，本身的能力，加上张道藩的光环，成为民国国大代表， 成为上流社会的名人，可以说是民国妇女的代表人物。相比于第一任夫人，是有长足的进步， 相比于廖静文，又逊色得多了！

廖静文是中国妇女的好榜样。青年时代，在社会上追求上进，追求真理，勤奋学习。在婚姻上，爱心纯洁，爱丈夫，敬重丈夫。在家庭中爱护子女，包括前任夫人的子女，撑起徐悲鸿的大家庭，堪当家长。廖静文是民国期间最幸福的解放者，因其是最天真、最纯情的施爱者，理当得之誉评。

爱是不张狂、不自夸，不喜欢不义，凡事包容，凡事忍耐，凡事盼望，爱是永不止息。爱国画家徐悲鸿一心爱国，需要廖静文这样纯真的爱情，徐悲鸿得到了，难怪他称之为“廖静文爱妻”啊！

新中国成立前，廖静文配合丈夫进步事业作出许多有益事情，新中国成立后， 配合丈夫为国家做出许多好事。丈夫死后，将徐悲鸿一生画作与收藏捐献给国家，建立徐悲鸿纪念馆。于丈夫、于家庭、于国家都堪称模范。与蒋碧微在两个不相同的时间空间里，产生出两种不同的爱情结果：一个卖其画为生，一个贡献其画给国家！所以我结论爱情的纯洁度有两种不同结果：

以家为重的夫妻之爱，就是蒋碧微的狭隘爱情，寻常之爱。

以国为重的重如泰山，这是廖静文的纯真爱情，鼎彝之爱。

夫妻之爱，显然在廖静文身上达到最高层次的体现。对丈夫一心一意的爱，忘记自身的爱，夫妻之爱显然到廖静文身上升华了，品位提高了。同样是徐悲鸿先生的妻子，感受是何等的不同啊！太欣慰了！善终是人的最终愿望，人都希望有善终，蒋碧微真实、感性的一生令人感叹。但万古流芳才最光荣！廖静文的生死恋胜过蒋碧微的生死恋。

廖静文与徐悲鸿的十多年夫妻生活是从1943年的春深开始至1953年9月26日止。至于1942年底到春仲约三个月时间，是正常渠道的熟悉过程，依恋途径。

从1943年的春深至徐悲鸿去世，其中经过的是十年多时间。这是徐悲鸿夫妻从肉体的结合到思想的融合过程，为世界上最和谐的婚姻。有真爱，相敬相敬如宾的夫妻生活，堪为全国人民称道、首肯。全国人民一致赞赏的好结局不值得我写文章总结吗？海峡两岸“三通”之后，我们通识共赏的人物首当是民族大画家徐悲鸿先生。

徐悲鸿的婚姻是中国从封建社会到民国、到新中国三个时期的包办到追求自由恋爱和彻底解放的三个过程写照。廖静文与徐悲鸿的十年多夫妻生活是中国恩爱夫妻典范，是当代的梁鸿孟光，中国的“简·爱”经典版本。本书是献给徐悲鸿的代表作《会师东京》保存者廖静文先生的礼物。

傅绍贤 写于

纪念抗战胜利七十周年元旦后

第二部分

·不同题材的预言画·

小狮　1923　24CMX26CM　　原载人民美术出版社《徐悲鸿·下》（素描）167页

睡狮　素描1922　11CMX18CM　　原载人民美术出版社《徐悲鸿·下》（素描）166页

一、质疑徐伯阳五狮《会师东京图》

我于2005年因徐悲鸿纪念馆"纪念徐悲鸿诞生110周年系列征稿活动"而进入研究者的行列，当时人还在龙港，居改革开放中崛起的副县级城镇中，手上的资料毕竟有限。主要依据就是浙江人民美术出版社出版的《徐悲鸿画辑》第36-37页之《群狮》，就是我称之为"七狮《会师东京》图"，原版面就是做研究评论的图像依据。

我们认识一个画家，就是凭着他的作品来作为渠道、作为窗口。我凭着作者亲题"会师东京——壬午之秋，绘成初稿。翌年五月写成兹幅：易以母狮及诸雏居图之右。略抒积愤，虽未免言之过早，且憙其终须实现也！三二年端阳前后，悲鸿。"款识来认定七狮《会师东京》图初稿的创作日期不是壬午年之中秋节。就"之秋"的时间认定上来说，晚于中秋也是"之秋"，还有一个半月的时间可称为"之秋"，据此推定，确定此七狮画初稿是在壬午年中秋节之后画的。徐悲鸿先生题"翌年五月写成兹幅，易以母狮及诸雏居图之右"是进一步叙说创作七狮《会师东京》的经过，对图中的右边构图做出的修改。可能原来右边的全部是清一色的雄狮，此时，也就是翌年五月以前，在心理感觉上对全部雄狮谐全世界正义之师有了更深的理解和体会，觉悟到全世界正义之师中也应该有女兵呀，也应该有童子军呀。八路军就有儿童团，海南岛就有红色娘子军。

因此，如研究徐悲鸿"易以母狮及诸雏居图之右"的原因，我更可从生存、生活中找到答案。当徐悲鸿在岳父蒋梅笙的灵堂上，曾再次征求蒋碧微和好意见。徐伯阳与金山合编的年谱是这样写的："十二月十一日：是晚岳父蒋梅笙病故。夜陪蒋碧微守灵，并为蒋梅笙画一张素描肖像。十二月十二日，又对蒋碧微试探说：现在我替你著想，也为孩子著想，这样下去，总不是办法啊！蒋说算了吧！我们既已分开，一动不如一静，你和我个性不同，勉强地再在一起，将来万一又闹离婚，岂不是大笑话，如果你需要女人，尽管去找吧！"

以后，也就是1942年12月下旬，徐悲鸿先生赴桂林为中国美术学院筹备处招考一名女资料员，报名者五十人，由张安治进行考试，最后徐悲鸿亲自口试，廖静文考中。廖原籍湖南，时年十九岁，高中毕业。当时是桂林某文工团合唱队的队员。古人云，有缘千里来相会，徐悲鸿、廖静文开始面对面，并是以同事关系开始。

而徐悲鸿、蒋碧微的背离已是定局。早在1937年11月23日前，在重庆渝简路的西式"光第"租房里，曾经满溢过徐悲鸿痛哭的泪水。12月14日徐悲鸿痔疮大发获治后，在中华书局二楼抓住蒋碧微手时，满脸悲伤痛苦的表情，用一种近乎乞求怜悯的目光盯着她，嘴唇抽动着似乎想说什么。在《我与徐悲鸿》一书中，蒋碧微作了如下反应："我可能同情弱者，但我不能对可怜人发生情爱。当时我产生一丝怜意，然而我对他的爱心却在相形地消减。我怅惘地站在原处，缄口不语，时间在小房间里冻结，终于他废然放开了我的手，任我转身离去。"①

1938年1月3日早晨，郭有守看徐悲鸿一大早收拾行李，不禁惊讶地问："这是干什么呀？""人心已变，不能再住下去了。"② 徐悲鸿气愤地说。名存实亡的夫妻关系，使徐悲鸿个人生活艰难，工作艰苦。

① ②：引自《蒋碧微回忆录：我与悲鸿》，书海出版社，2006年2月版，197页、198页。

廖静文在《徐悲鸿一生》有她自述出身：我也记起半年以前，我从湖南一个偏僻的村镇，受到种种的迫害，辗转来桂林，盼望在这里寻求升学或工作的机会。廖静文在一个夜晚感冒着凉后，感受了徐悲鸿的长者胸怀，心中渐渐依恋上了徐悲鸿先生。同样徐悲鸿也不知不觉中产生了依恋廖静文的感觉。自从廖静文做美术学院图书管理员后，徐悲鸿因而得到了廖静文的照料，生活中更深深体会到男人不可缺少女人，否则不能生存。天上有日光，有月亮，人是离不开另一半的。因此，此时深有感触地将原清一色雄狮转换成母狮及诸雏居图之右。这样，图上狮群中有公有母，有老有雏，符合自然界规律，符合审美规律，符合阴阳分割，相辅相成，形成一个整体。右边构图经过修改后,变化性更多，达到完美了。艺术是心灵的启示，图像是心象的再现，满怀抗战胜利期望的《会师东京》二战预言画，是国破家残光景里徐悲鸿先生笔下的心灵写照，因廖静文的纯洁的爱情点燃起人生正能量，不由自主地通过母狮及诸雏流露了出来，因廖静文的到来完美了作品的布局。

1943年6月6日至8日，徐悲鸿画成了大幅中国画《会师东京》。该作尺寸为：112cmx225cm。这幅七狮《会师东京》是蒋碧微多年不理徐悲鸿，他辗转于星洲（新加坡）、印度、槟城、 怡保、吉隆坡等地举办画展，回到桂林、重庆，从1942年8月25日至1943年6月8日，跨越壬午年秋冬二季，度癸未春入夏初，最终创作成功的“主要者”作品。随着我对徐悲鸿研究的深入，现在，我发现同一《会师东京》题名的有三个不同文字介绍的版本。第一个版本,就是我研究的七狮《会师东京》。第二个版本是徐伯阳的“为陈孝威写《会师东京图》，绘五狮集中日本富士山下。”这见文于徐伯阳与金山合编著的《徐悲鸿年谱》之255页。据年谱的记录，在壬午年中秋节这天里，徐悲鸿做了好多事。我这里要引证的是徐伯阳关于五狮之《会师东京图》的记录。

其文如下：“同日，为陈孝威写《会师东京图》，绘‘五狮’集中日本富士山下，题曰：三十一年四月，盟军方艰难之际，孝威将军倡会师东京之论，辞旨警辟，论据正确，举国振奋，一时歌咏，皆以此为题。越三月，所罗门大战，皆如将军所示，痛饮黄龙，期不远也，特写此象征之图，以奉将军，用当左券。”这里，徐伯阳所说的“五狮”集中日本富士山下的《会师东京图》，明确创作日期是壬午中秋节。其上的题字是：“三十一年四月，盟军方艰难之际，孝威将军倡会师东京之论，辞旨警辟，论据正确，举国振奋，一时歌咏，皆以此为题。越三月，所罗门大战，皆如将军所示，痛饮黄龙，期不远也，特写此象征之图，以奉将军，用当左券。”这些信息证明我2005年解读七狮《会师东京》时的见解与分析是对的。我认为创作七狮《会师东京》的作品前必定有构思，有灵感启示，经过充分的酝酿后才画出初稿。这七狮《会师东京》果然是第二次再创作的结果，只是在原有的题目上，转换成另一个题材为思路来进行创作。

但徐伯阳所说的“五狮”集中日本富士山下与我所解读的七狮《会师东京》显然有明确的不同。第一，我解读的是七狮，数字有别。第二，我解读的是七只狮子威风凛凛在从四面八方奔向日寇首都富士山顶会师。徐伯阳记录的“同日，为陈孝威写《会师东京图》，绘五狮集中日本富士山下，”就是说会聚的地点不同：山顶必高于山下，会聚的地点高低有别。第三，时间不同：我解读的是七狮之初稿是绘于壬午之秋，徐伯阳“五狮”集中日本富士山下是“同日”：就是壬午年中秋节那天，就是9月24日。而且这一天徐悲鸿是最忙的一天。我们来看徐伯阳与金山合编的年谱记载：9月24日，撰《漫记印度之天堂》一文，记述1940年秋克什米尔之游，称克什米尔为人间之天堂。并指出：惜其文化，殊为停滞。不佞虽得快乐之短期旅行，仍若一游西域感想。吾其终为皮相之人乎？吾又自惜之匆匆而去也。倘有机缘，吾愿两次三次四次游之不厌也。

同日，为陈孝威写《会师东京图》，绘五狮集中日本富士山下，题曰：三十一年四月，盟军方艰难之际，孝威将军倡会师东京之论，辞旨警辟，论据正确，举国振奋，一时歌咏，皆以此为题。越三月，所罗门大战，皆如将军所示，痛饮黄龙，期不远也，特写此象征之图，以奉将军，用当左券。

同日，又为常书鸿画展撰序，首先指出：油画之于中国，不侫曾与其劳，而其争盟艺坛，蔚为大观，尤其在近七八年以来，盖其间英才辈出，在留学国，目击艺事之衰微，在祖国则回复兴之期待迫切，于是素有抱负，而生怀异秉之士，莫不挺身而起，共襄大业，常书鸿先生亦其中之一，而艺坛之雄也。又指出：常先生工作既勤，作品亦随时随地为人争致，难以集合。兹将有西北行，欲以最近所做各类油绘人物风景静物之属，凡四十余幅问世，类皆精品。

我查了中国民族摄影艺术出版社2002年出版的老黄历，查证1942年的9月24日后注有“秋分”二字。也只有中秋节这天，徐悲鸿有可能居家中处理这么多事情：人称“工作狂”名不虚传！“同日”也确定了与七狮画成时间不同。

第三个版本是中国台湾《大成》第五十八期：民国三十一年四月，徐悲鸿为陈孝威写会师东京图，绘五马集中日本富士山下，题曰：“三十一年四月，盟军方艰难之际，孝威将军倡会师东京之论，辞旨警辟，论据正确，举国振奋，一时歌咏，皆以此为题。越三月，所罗门大战，皆如将军所示，痛饮黄龙，期不远也，特写此象征图，以奉将军，用当左券。壬午中秋，悲鸿。”

这里的文字与徐伯阳的介绍基本相同，不同者五马与五狮也，就是题材不同，还有创作时间上究竟是4月为陈孝威将军写《会师东京图》，还是两幅不同题材的壬午中秋绘画的《会师东京图》，还是其中有人搞错了题材，比如，本是五马，错弄成了五狮；或是本是五狮，错弄成了五马。我暂时找不到这个版本的原作照片，现在只能根据相关文字介绍来认真分析。

第三个版本中画上的题字就是“三十一年四月，盟军方艰难之际，孝威将军倡会师东京之论，辞旨警辟，论据正确，举国振奋，一时歌咏，皆以此为题。越三月，所罗门大战，皆如将军所示，痛饮黄龙，期不远也，特写此象征之图，以奉将军，用当左券。壬午中秋，悲鸿。”

第二个版本，就是徐伯阳的年谱版本，画上题字也是“三十一年四月，盟军方艰难之际，孝威将军倡会师东京之论，辞旨警辟，论据正确，举国振奋，一时歌咏，皆以此为题。越三月，所罗门大战，皆如将军所示，痛饮黄龙，期不远也，特写此象征之图，以奉将军，用当左券。壬午中秋，悲鸿。”既无一字不同，据此可以推断，先刊出关于《会师东京》报道的中国台湾刊物《大成》第五十八期和《民国人物小传——徐悲鸿》的台刊是世上最早的报道，是最权威的报道。“民国三十一年四月，徐悲鸿为陈孝威写会师东京图，绘五马集中日本富士山下”之报道说出了徐悲鸿先生为陈孝威将军绘会师东京图是因他倡会师东京之论，辞旨警辟，论据正确，举国振奋，一时歌咏，皆以此为题。那时全国人民民心振奋，一时歌咏题目都是要直捣黄龙府。过了三个月后的所罗门岛战役结果，正如将军所预先分析指示的一样，痛饮黄龙，为期不远了。民国三十一年四月的五个月后之中秋节画成五马集中富士山下之象征之图，奉献给战争预言家陈孝威将军是在情理之中，挥毫画五马于中秋节，也可以想象对古今画马第一人来说，在日理好多事的那天，也是可行成的：徐悲鸿先生是以画马聘名于天下，画马烂熟于胸，挥笔即成。集五马于富士山下，作为象征之图像，象征全中国正义之师会师东京，全世界正义之师会师东京是说得通的。

“以奉将军”，即奉陈孝威将军。陈孝威(1893—1974)，字向元，生于福建闽侯县(今属福州市)南通镇文山村，曾就读福州武备学堂，1914年保定陆军学校炮科第二期毕业，同期同学有后来著名将军刘峙、熊式辉、刘文辉、陶峙岳等。北伐期间他曾指挥兰封战役，大败敌军十万人，名震黄河两岸，后来还随白崇禧部参加过浙沪战事。他深谙兵法，治军严谨，有“六不将军”之誉，先后任第七军参谋长，中将旅长，直隶泰宁镇守使等职。1926年他镇守泰宁期间，绥靖地方，疏浚水利，颇得民心，当地军民曾筑“捧日台”以志其功。北伐成功后，他与上司意见不合，得罪了蒋介石，被迫退出军界，曾在天津赋闲当寓公。这期间正是溥仪被赶出紫禁城，一批晚清遗老也住在天津，其中就有福州文人、同光体诗先辈郑孝胥。出于同乡关系，陈孝威潜心向郑孝胥学诗，颇有进展。20世纪30年代初期，他曾一度南下中国香港任职于广西银行。

“九•一八”事变之后，出于抗敌救亡热情，曾向国民党当局请缨出战抗日，但未被接受。抗战前夕，为表达抗日决心，一度再入陆军大学研修对日战略，但终因不容于当局，无由再上前线。陈孝威自感报国无门，遂决意“投枪从文”，转向文坛，走向握笔抗日救亡的道路，从此成了二战驰名军事战略家。

中国香港沦陷后，日军威胁他，若不与日军合作，必受重罚，他乔装打扮逃出香港前往桂林，继续进行抗日宣传。

同盟国攻占柏林后，有种观点认为，苏军消耗太大，出于自保，近期内不会开辟新战场。但陈孝威在文章中却直言苏军必将出兵中国东北，后来又应验了。一次次的正确判断，使陈孝威成为当时国际著名的战略预言家，连当时香港总督，也上门前去拜访。

陈孝威从中国香港逃到桂林后，针对日军大举南下，发表了著名的《会师东京》社论，以精辟论证指出日本必败，引起了国际瞩目。著名画家徐悲鸿在桂林听了他一次抗日演讲后，深受感动，特意作画《会师东京图》相赠，而他也作了《会师东京五古三首》《会师东京歌》二诗以谢。从诗中“登陂富士山兮擒其王，三罪咸服兮我土重光，四海兄弟兮自由无疆”这些诗句，充分显示他对抗日必胜的坚强信念。陈孝威以杂志为平台，以文抗战，握笔救国，为争取国际同情和支援做出了重要贡献，战后国民党政府向他颁发了勋章。

“用当左券”意思是古代契约分为左右两联，双方各执其一，左券即左联，常用为索赔的凭证，有充分保证的意思，得保证如持左券，含稳操胜券之意。以画赠陈孝威将军，是对其“诗文救国”的回礼，也是相互勉励。据报道，在美国、加拿大、中国台湾，曾经出现三幅内容相同的《会师东京图》，其中两幅肯定是赝品，只有来自陈孝威后人的才是真迹。① 现在遗憾的是我还没有看到原作照片。但据以上文字我做这样的推论：壬午中秋，悲鸿画的《会师东京图》是五马会聚在日本首都富士山下的象征图像五马为题材,不可能是五狮。徐伯阳怎么会将五马说成五狮呢？我解读七狮《会师东京》名画至今，是层层深入，除了开头没见过陈孝威的文章，以文学为依据单是信心发出稍微有一点点过头以外，其他都是对的。但也足有六七成的信心在其中方能画成二战预言画七狮《会师东京》。不是吗？像《愚公移山》《徯我后》这类文史画不都是信心篇章吗？不都是描写中华民族人民在艰难的环境里心中有信心、有盼望的名作吗？“信是所望之事的实底，未见之事的确据。”中国人民在抗战的岁月里“正义必胜，邪恶必败”的信念本就是很坚强的。

我们还是再来看徐伯阳与金山合编的年谱283页：“3月18日，复新加坡黄孟圭一函，对黄氏虽经大难而仍在人世，乃大喜。对于黄氏出资邀他游美甚为感激，但谢绝出国。同时也述其近况云‘今弟还都不易，既抵家，安置所有便大困难，欲画远游，必胶原蛋白将画重行装裱所费极大，（今日国内物价超过战前两千倍）倘非他处担任用费，将不能行动。数年内亦薄有所作，主要者为《会师东京》。因陈孝威将军之文而兴图，作数狮于富士山顶，《梅花》《紫气东来》《子路曾皙冉齐公西华侍坐》等幅，倘蒙赐观，必又有吟兴也。题鄙作《十马》诗极佳。” 这里徐悲鸿先生说“因陈孝威将军

① 关于陈孝威论说源据于其著作《太平洋鼓吹集》与李景瑞《握笔抗战的诗人将军陈孝威》

之文兴图，作‘数狮’于富士山顶”。与徐伯阳的“五狮”集聚于富士山下差别有两处，就是“数狮”不是实数“五”狮，是在“山顶”，不是“山下”。可见与徐伯阳的描述对不上号。七狮《会师东京》画的作者的自述，是绝对权威的，因此徐伯阳的描述是值得质疑的：两者不是一幅作品是可以确定了。

七狮《会师东京》原作现存北京徐悲鸿纪念馆，五马《会师东京图》是徐悲鸿先生赠送给陈孝威将军本人的，原作今在其后人手上。有网上报道说在美国、加拿大、中国台湾共有三张内容相同的《会师东京图》，这画如换句话来说，世界上只有两个徐悲鸿二战预言画《会师东京》版本，一个是七狮会师富士山顶真迹，另一个五马富士山下会聚真迹。徐悲鸿纪念馆是七狮会师富士山顶真迹原作，陈孝威将军后人手上有五马富士山下会聚真迹原作，而徐伯阳描述的五狮会聚富士山下的《会师东京图》真迹好像是不存在的。

我觉得好像只有一个解释：徐伯阳好像不该将徐悲鸿所说的“数狮”改成具体的“五”字。或者说徐伯阳不该将台刊的五马中“马”字改成“狮”字。这样，因他的改动就成了“非狮非马”的《会师东京》图了。我们只要一核对，就会出现了团团迷雾。我只能坚持我和台刊的论点，不能认可徐伯阳与金山合编的年谱中关于壬午中秋，徐悲鸿创作了“五狮会师东京富士山下图”的记录。壬午中秋节徐悲鸿挥笔画的如是台刊所报道的五马会聚富士山下，赠送给陈孝威将军的原作与我解读的七狮《会师东京》是两码事。

而七狮《会师东京》是在赠陈孝威将军的原创作基础上更高层次的创作，从义喻上，从构图上，从形式上都是有突破的。难怪徐悲鸿先生得意洋溢于言表：近年来薄有所作，主要者为《会师东京》。

我国台湾人民对徐悲鸿先生由衷佩服，是认可他的艺术创作与创新的，所有的报道和评论是都相当中肯与切中的。我有幸受聘于北京某单位，能时常来往于北京各个图书馆，能查阅到大量的中国台湾版资料，能在整体上认识民国时期的国家与民众的基本情况，比起副县级的龙港镇来说，几乎是一步登天了。广采博纳，概括提炼，仔细对比，认真校对出来的结果我还是不敢冒然宣告，因徐悲鸿的第一次赠送陈孝威的用当左券之《会师东京图》照片我至今未见过。就徐伯阳的年谱里的用当左券之《会师东京图》记录，与我解读的二战预言画七狮《会师东京》是大不相同的。是不是五狮会聚富士山下，我诚望徐伯阳教授与金山先生见本书后，能想方设法弄到用当左券之《会师东京图》照片。最终第二个版本与第三个版本谁是正确的，以照片为准最好！

但是我本人，因求能及时出书，我在创作本《徐悲鸿研究补续》封面主视图就有点困难。在这样的情况下，只得凭想象来创作。画五匹马相聚集在日本东京富士山下来表示这是徐悲鸿先生第一张《会师东京图》，未必相似，但能表达立意，姑且先示意吧！这是需要徐伯阳教授理解和原谅的。以后如有照片发现，我必改正之。

读书当将万卷过，求知不教一疑存。中国现代绘画之父是属于公众人物，是中华民族大画家，纠正其家人的失误也是对他负责。而他的家人失误又是可以理解和原谅的。徐伯阳本人是音乐教授，并非美术教授。即使是美术教授如非专研科目，也未必就不出差池，把因历史原因，国内外因素造成的大小失误纠正过来也是对其家人爱护与负责。徐悲鸿先生事迹求准确是我们共同愿望。

结论：中秋节谱记恐怕有误。

狮吼　1922年　40cm×63cm　原载于陈传席《中国艺术大师徐悲鸿》第51页

奴隶与狮子　1922年　47cm×63cm　原载于《徐悲鸿绘画全集》第二集71页

二、从五马到七狮的飞跃

“没有伟大人物的国家或民族是悲哀的民族。”徐悲鸿先生是民国时期产生的大画家。中国台湾把他列入《民国人物》，许多评论是比较客观、公允的。而新中国许多美术家、美术教育系统领导都直接、间接受他影响，他的教育方针，美术创作方向都在他的直接、间接影响下向前发展。不管中国大陆还是中国台湾、中国香港，人们对这位伟大的艺术家的评论都是公允的，一致赞扬徐悲鸿先生的艺术成就。艾中信、廖静文、李松、刘曦林、潘深亮、郑理、范保文、陈传席等都著书加以评说，大家都为中国出了徐悲鸿先生这样伟大的画家自豪。

有关徐悲鸿先生的著作很多。《徐悲鸿选画范·动物》《徐悲鸿选画范·风景、静物》《徐悲鸿选画范·人物》三本皆徐悲鸿自编，中华书局印行，1939年3月出版。《徐悲鸿画马》荣宝斋1954年出版。《徐悲鸿》由中国政治协商会议全国委员会文史资料委员会编，文史资料出版社1983年9月出版。《徐悲鸿评集》由王震编，漓江出版社于1986年12月出版。《艺术巨匠徐悲鸿》由徐悲鸿纪念馆编，中国和平出版社于2002年8月出版。《徐悲鸿精品集》由台州书画院编，2005年1月出版。《中国近代书画鉴别——徐悲鸿卷》由杨新主编，大象出版社2005年1月出版。《徐悲鸿——纪念徐悲鸿诞辰110周年专辑》由宜兴市政协文史委员会、北京徐悲鸿纪念馆编印，2005年6月出版。《徐悲鸿评集》王震编，漓江出版社于1986年12月出版。《徐悲鸿文集》由王震编，上海书画出版社于2005年出版。2010年4月(河南)郑州大象出版社王震编《徐悲鸿书信集》第二版出版。

1988年3月，香港市政局出版香港艺术馆编《徐悲鸿的艺术》，1988年8月

(中国香港)新雅文化事业有限公司出版了李荣胜编著的《世界名人传记——徐悲鸿》。1987年12月,艺术家出版社(台北)出版了徐悲鸿著作《徐悲鸿的艺文集》上、下两集。1980年4月,雄狮图书公司(台北)出版了谢里法、蒋勋著的《徐悲鸿——中国近代写实绘画的奠基者》。

还有中国台湾的《徐悲鸿的传记》由刘绍唐、向阳、王停云、铁髯、鉴文、树滋、薛慧山、沧海客、杨兆青、黄公伟等短文汇编而成《蒋碧微回忆录》。1982年8月,中国青年出版社出版了廖静文著作《徐悲鸿一生》。中国美术理论家艾中信于1981年10月经上海人民美术出版社出版了《徐悲鸿研究》一书,刘曦林于1998年1月经文物出版社出版了《中国艺术巨匠——徐悲鸿》,1985年3月李松编著经人民美术出版社出版了《徐悲鸿年谱》,1985年5月,郑理著作《笔下千骑:绘画大师徐悲鸿》经人民文学出版社出版,2002年3月福建美术出版社出版潘新亮《鉴赏徐悲鸿》一书,还有2009年8月陈传席经河北美术出版社出版《中国艺术大师——徐悲鸿》。

评论之中,大陆陈传席先生对徐悲鸿先生的评论是相当高明,可以说是代表了祖国大陆和中国香港、中国台湾的研究水平。让我们来看陈传席先生的评论:“在艺术界中知名的美术家很多……但是真正能够家喻户晓的,只两个半人:第一个是徐悲鸿。第二个是齐白石。半个是张大千。张大千只在文化界家喻户晓,他只冲出艺术界,但没有冲出文化界,一般老百姓尚不知张大千为何许人。但徐悲鸿和齐白石,对于艺术界和文化界以及普通老百姓,几乎是人人皆知的。前时在广州,有人做过调查,中国美术界知名度最高的画家,第一是徐悲鸿,第二是齐白石,再次是广州当地画家。

知名度高,影响大,有各种因素。徐悲鸿影响大,主要还是基于他辉煌的艺术成就。他少年时家贫,然能两次赴上海,历尽艰辛,谋求发展。后藻渡日本,再至欧洲,留学八年,刻苦自砺,打下了坚实的素描、油画、基础,并学习了西方美术史，了解了西方美术思潮，再回国创业，历任中央大学艺术系教授、系主任，北平美专校长，直至出任中央美术学院院长、全国美术家协会主席，成为中国美术界的一代领袖人物。

徐悲鸿在美术界也是足以称之为全才的艺术家。齐白石、黄宾虹虽是国画的一代宗师，但不通西画。吕斯百、颜文樑等人，通西画却不通国画，而徐悲鸿的素描不仅在当时就远远超过在中国流行的前苏联契斯恰柯夫，并且至今无人能及。他不仅精通国画，油画、素描、且国画中的走兽、禽鸟、人物、花卉、山水样样精。他的书法功底深厚，诗文亦佳。所以他的影响大。知名度高，决非无故获至。”

陈传席先生给徐悲鸿先生的整体的评论是很恰当的，在细科上他对徐悲鸿先生的各科评论都很对，对马的评论最精彩：“世人皆知徐悲鸿是画马名家，这是不错的。在两千年画马的历史上，汉人一变，唐人一变，徐悲鸿一变。汉人画马，多见于现存的画像石和画像砖，其马皆见大势而已。唐人以细致的线条勾写，以淡墨渲染，细密中而见大气。宋元明清画马大抵皆唐人画马之延续。一直到徐悲鸿以西法造型，精确画出马的骨骼结构，以传统书法笔意，挥洒自如，画出马的神韵和气势，变工笔为大写意，变唐人的形象王国为自由王国，神形兼备，又笔精墨妙。徐悲鸿遂为20世纪画马第一人。”这些评论，我举双手赞成。

但是陈传席先生和祖国大陆的美术家和评论家都没有看到徐悲鸿先生的另一绝活真正才是“前无古人，后绝来者”。我不妨打一个比方：喜马拉雅山是中国的最高的山，它的山脉海拔都很高，而珠穆朗玛峰是此山的最高峰。他的高度才能代表喜马拉雅山的高度。大陆的美术家和评论家定论都未到顶，可说还矮了一截，但是陈传席先生已经意识到“画狮的价值或许比马还高”。而我就着重评论这一点，进一步论证“徐悲鸿先生画狮的价值确实比马更高”。

一个是说“或许”，另一个在说“确实”。我认为“确实”的依据是徐悲鸿从听陈孝威演讲后创作五马《会师东京图》到壬午之秋至翌年五月写成七狮《会师东京》图是一个艺术创作的飞跃。他画动物中狮之艺术创作价值在此中显出了新高度：百尺竿头更跃进了一尺。

预言画《会师东京》是徐悲鸿先生一生艺术创作的最高峰。这方面我已经在《徐悲鸿研究补正》讲透彻，现在讨论同一主题如何用最恰当题材表现中心思想。画家擅长不同，在选材表现上也会因人而异。就同一个主题，也会因进入主题思想而改换题材。在此事上，徐悲鸿先生就先后用了两个题材来表现同一主题，且一张更比一张精彩。

徐悲鸿先生擅长画马，并被普世公认。陈孝威这位二战军事预言家提出的“会师东京”论点是振奋人心的。一心报国的徐悲鸿先生一直在寻求好的题材鼓舞抗战的军民士气，首先被其感动，奋笔作诗唱和，继而挥毫作画，一时举国高歌，中华民族激情高涨。壬午之秋季节里，徐悲鸿先生必定感到此前因陈孝威之文所兴之图是能表达主题的：五马会聚在富士山下，叫人理解全世界正义之师会师东京并无不可。当时徐悲鸿先生和陈孝威都是一时俊杰、名人，“会师东京”之口号又是如此激动人心，《会师东京》主题以徐悲鸿先生擅长的、独特的水墨马来寄托主题，以被人骑着打仗的马代替军队，用五马预表全世界正义之师，预表军队都是适当的，合此题材的。可惜，我至今未能看到在陈孝威家人手上的五马会聚日本富士山下的《会师东京图》。就是另外两幅赝品也没法看到。我想即使赝品也总有某些靠近原作的地方,起码相近似,或许也精彩，也许能神形略备,就是至今未见到而十分遗憾。

但徐悲鸿先生本人再三审视五马《会师东京图》后，感到言不尽意、不尽所长，不尽其意。于是立意重新选材描述。我在《解读徐悲鸿先生二战预言画‘会师东京’》论文中说过“1942秋，徐悲鸿先生已经画成初稿，在这以前必经过构思阶段。到画成初稿时已经基本成熟，其中必定经过相当一段时间酝酿”。我现在经过北京的几年深入钻研，证明当时的推断是有见地的。现在他经过深思熟虑，最终采用狮子表现主题，表现民族精神，这更是徐悲鸿先生得心应手的好戏。我从李松的《徐悲鸿年谱》第9页中找到了徐悲鸿先有记录的第一件作品就是《雄狮》，是水粉画。让我们来看看他的童子功吧！

李松编著的《徐悲鸿年谱》第9页中有“1914年（民国三年甲寅）十九岁，事略：父徐达章病故，家境贫困。经常往返三十里，在屺桥镇彭城中学，始齐中学及宜肖女子学校三校担任图画课教学，负担家庭生活。作水粉画《雄狮》。”这是资料上记录“余性爱画狮”第一张以狮子为题材来创作的作品。

我认为“余性爱画狮”是徐悲鸿先生创作达到最高峰的一个技法基础，是一个重要决定因素，也是我论证的重要依据。“余性爱画狮”就是最重要的端点：凡事都由中心再到圆周为规律。没有圆心，哪来直径？哪来大圆？

关于此前岁月，李松《徐悲鸿年谱》第8页徐悲鸿还有自述：“余年十三四岁，吾乡连大水。人齿日繁，家益窘，先君遂奔走江湖，余亦始落拓生涯。时‘海盗牌’卷烟中有动物片，辄喜罗聘藏之。又得东洋动物标本，乃渐识猛兽真形，心摹手追，怡然而乐。”

此前更早的记录是李松《徐悲鸿年谱》1902年（光绪二十八年壬寅）七岁事略：开始执笔学书，对绘画产生兴趣。自叙：“七岁执笔学书，便思学画，请诸先君，不可，及读丕庄刺虎之勇问丕庄刺虎之勇？先君曰：‘丕庄子刺虎，夫子发称之。欲穷虎状，不得，乃潜以纸求蔡先生作一虎，归而描之。’久为先君搜得吾所描虎，问曰：‘中何物？’吾曰：‘虎也’，先君曰：‘狗耳！焉云虎者。”卒曰：“汝宜勤读，俟读完《左传》乃学画耳。”吾默然。

心中喜爱，学途便短。对动物猛兽心中喜爱，观察便会认真，爱好是最好的老师。绘画是对形象的认识和表现的过程，孩提时代便从“海盗牌”烟壳的搜集、分析，到成为画狮高手，徐悲鸿还经过了长期的写生过程。该《年谱》29页记录了“柏林之动物园最利于美术家，猛兽之槛恒作半圆形，可三、四面观。余性爱画狮，因值天气晴朗，或上午无人时，辄往写之，积稿颇多”。

因为1921年至1922年他曾一度寓居德国柏林。打小时候对烟壳上的狮子就神往，现在有机会就自然去动物园写生。一进动物园就是一天，直到闭园才离去。他十分认真细致地观察狮子的站、卧、走、跃、吃、喝的动态，仔细写生、画稿，如痴如醉，几乎达到忘我的境界。

他曾为了画好狮子的后腿，跟踪狮子多日。正因为如此执著，才能进入较高境界，他胸有成竹的不但是马，更有狮子。他曾在著文中说：“吾居柏林及巴黎时，赴动物园，园豢狮与熊、独多描之。既屡，觉狮与熊等亦有个性。”因此既胸有成竹，画起狮子来，当然神形活脱。

让我们来欣赏他各种表现手法的狮子作品吧！

最早的作品是素描《小狮》。该作尺寸为25.5cmx34.5cm。画于1922年。其上题款是:“事之精爽磨成，无负张祖芬、黄震之两先生。”这是炭笔画小狮，画得很成功，亦是表示给人做人要有傲骨的张祖芬和扶助他的第二位“黄扶”——黄震之先生感谢的好方法。题款将徐悲鸿先生对他们两位友情永远定格在素描炭笔《小狮》作品上了，也将处在此时的写生水准展示出来了。我发现《圣经》上有对小狮子的赞美。《创世纪》第49章第9节写道：“犹大是个小狮子。我儿啊，你抓了食便上去；你屈下身去，卧如公狮，蹲如母狮，谁敢惹你？”这张素描小狮正是徐悲鸿的写照。这位中国的伟大民族画家此时艺术上正如这只小狮子，技法上显出了雏形，思想上也日趋成熟，在画狮作品上，民族大画家一步一个脚印，大师画狮子就是其人生艺术成熟的脚印和印记。《圣经》上对小狮子犹大的赞美挺适合于这位未来的民族画家，并且已经在艺术显出了凛凛威风小影。画上的小狮子，也象征中华民族有一天让世界惊奇、声震寰宇，普天震撼！徐悲鸿的画狮也像中华民族一步步的从半封建半殖民地的阴影下挣脱出来，从小狮到雄狮，从被凌辱到脚真正屹立在侵略者的寇京高山顶上审判它！最终“谁敢惹你？”徐悲鸿寄情、化托之题材——雄狮的幼年时代，也是徐悲鸿的求学时代，精化时代。

素描炭笔《狮吼》，尺寸为41cmX62.5cm，画于1922年。两只狮子雄峙于右边，闪电光照亮了雄狮前腿与后腿之间，踏在崖石上的腿脚显出雄劲的力量，雄狮头上的鬃毛在光中闪亮，显出体积块面，后面的母狮更将威猛力量夸张到了极致，真叫人如闻狮吼，震耳欲聋，好一张阳刚至极的动物画！叫人不寒而栗！这堪称古今第一的狮吼图，是张造型精准，气势、力量震撼天地的好作品。将当时的创作水准显示出来了。我个人看法，凭此素描《狮吼》创作而论，黑白表现动物的技法在当时就已经登峰造极！我常常被此画震撼！

《睡狮》铅笔画，尺寸为12cm x 18cm，作于1923年。这是未返回巴黎之前仍在柏林动物园里的写生作品，时间是春天里。这是接到驻法大使馆的通知，中国教育部已经补汇全部积欠官费，叫徐悲鸿先生前去领取之前。徐悲鸿与蒋碧微此时正似涸辙之鲋，绝处逢生。这一喜讯真是非同小可，徐悲鸿先生立刻写信到巴黎，请使馆将钱汇到柏林。钱汇到之后，把所有欠款还清，和朋友们道别，重回巴黎，继续学业。

《狮子后腿去皮之图》为炭笔所作，尺寸为13.5cm x 21.5cn，是其早期作品。还附两幅结构分析图。《狮》炭笔，22cm x 26cm，早期，平卧的狮子与结构分析图。就《狮子后腿去皮之图》与此炭笔作品《狮》来说，我个人认为虽皆署为早期，分析当在1922年的柏林期间，此时期正是处在修炼之中，分析结构便可知。《小狮》应该早一些，《狮吼》则相对成熟，应该迟一些。都是单色表现对象阶段。这些都为后来升级创作油画和中国画打下了良好的素描根基。就其本身来说这些作品是我论证徐悲鸿先生画狮比马更出色的依据。（见人民美术出版社《中国美术家作品丛书徐悲鸿》素描集：186、187页）

油画《奴隶与狮子》，尺寸为125cm X153cm，另有47.5cm X63cm的炭笔画，同是画于1924年。这是徐悲鸿在新加坡一批画丢失后，近几年才出现的名画。是描述一位逃跑的奴隶被捉拿后送往罗马，扔进来喂狮，但狮子发现这位奴隶是恩人，并没有吃他。这事感动了奴隶主，释放了这位奴隶。这张油画中的狮子画得很生动。既有黑白素描传世画稿，又有油画传世两种不同手法表示的《奴隶与狮子》。这是徐悲鸿先生所画狮子作品中的精品力作，是徐悲鸿先生29岁时的作品，他对油画的成功把握显示在画面上，色彩对比强烈，人物、动物神形兼备。在西画表现的狮子上完全成熟了。

中国画作品《狮》，尺寸为53cm X86cm，1930年作。这是我们看到徐悲鸿先生最早的中国画狮子作品。其上“庚午晚秋写此，以续德都旧梦，悲鸿。”“静文爱妻存之”题字是1946年与廖静文结婚后题上的。这也是被徐悲鸿先生看为重要的中国画作品。“以续德都旧梦”是徐悲鸿先生对在德国柏林动物园写生作的美好回忆：“吾居柏林及巴黎时，赴动物园，园豢狮与熊，独多描之。既屡，觉狮与熊等亦有个性。”既是著说之文，又是怀旧直白之语。但我认为这是徐悲鸿先生从此时开始将狮子赋予人格化，决定改用中国画形式来表达心声的开始。拿破仑既将中国比作狮子，画面上的狮子就已经从睡梦中醒来，正仰起头注视前方，举起内爪跃跃欲试，目光炯炯有神。这是徐悲鸿先生给中国人民描绘的第一张以狮为题材的中国画，我个人认为就是一张成功的寓意画，因中国画的特色——也就是寓意的，抒情的。相比前面的素描《小狮》，素描《狮吼》，《奴隶与狮子》油画的作品，又上升了一个层面。这张狮子象征了当时中国情形。

国画《新生命活跃起来》一作尺寸为113cm X109cm，画于1934年。正值东北几省相继沦陷，国难当头。徐悲鸿先生将狮子人格化后创作了《新生命活跃起来》国画作品。画中雄狮侧身腾空，飞跃三座大山。以勇猛的精神，唤起民族新生命，迎风飞扬的鬃毛，坚定向前的目光，显出一往无前的气概。松枝掩盖下的三方山石，暗喻着帝国主义、封建主义、官僚主义三座大山，其上有："甲戌岁阑，危亡益及，愤气塞胸，写此自遣，悲鸿"的落款。因为此时的中国，值得徐悲鸿先生忧愁的是国内的形势：

1934年1月20日，伪满洲国宣布实行帝制。1月23日，英国唆使沙比提大毛拉在新疆西南部喀什噶尔及和阗组织"东土耳其斯坦伊斯兰教共和国。"

3月19日，日本军队在长城各口外树立界碑，刻"满洲国界"字样界碑。

4月10日，中共中央发出《为日帝国主义占领华北并吞中国告全国民众书》，提出建立统一战线的"七条纲领"。

4月20日，宋庆龄、何香凝等几千人签名公布《中国人民对日作战基本的纲领》。其主要内容是：主张全体武装总动员，一切陆海空军立刻开赴前线对日作战，停止屠杀中国同胞的战争；全体人民总动员，参加抗日战争的前线和后方工作；采取没收帝国主义在华一切财产，在国内人民和国外华侨中开展募捐运动解决抗战经费；成立中国民族武装自卫委员会等。

7月15日，中华苏维埃共和国政府和革命军事委员会颁发《为中国工农红军北上抗日宣言》，指出"苏维埃政府与工农不辞一切困难，以最大决心派遣抗日先遣队，北上抗日"。

10月10日晚，中共中央和中革军委率领中央红军主力5个军团以及中央、军委机关和直属部队，共八万六千余人，开始长征。红二十四师和十多个独立团等共一万六千余人，在项英、陈毅等领导下留在中央苏区坚持斗争。

10月17日，中央红军南渡贡水。

10月21日晚，中革军委以红一方面军团为左路前卫，红三军团为右路前卫，红九军团掩护左翼，红八军团掩护右翼，中央和军委机关及直属部队编成的两个纵队居中，红五军团担任后卫，开始抢渡信丰河，于25日全部渡河，突破了国民党军队的第一道封锁线。

11月7日，东北人民革命军第一军成立，杨靖宇任军长兼政委。从1935年起，先后成立了东北人民革命军第二、三、六军和东北抗日同盟军第四军，东北反日联合军第五军等。这些中共领导的军队，后来成为东北抗日联军的基本力量。

12月1日，中共中央、中革军委和直属机关渡过湘江，进至西延地区。①

而徐悲鸿先生自己应邀到柏林和法兰克福举办中国绘画展，获巨大成功。5月到7月，在莫斯科和彼得格勒举行中国近代画展。其间，与前苏联著名艺术家交换了作品，被誉为“在前苏联举行最成功的国外展览”。回国后，便创作了国画《新生命活跃起来》一作。徐悲鸿先生心中装满的是国家的安危、民族的忧患。和鲁迅先生一样，对中国共产党寄予了希望。希望民族充满新的活力，让新的生命将三座大山压下去。

1934年是中国变化很大的一年，徐悲鸿先生的《新生命活跃起来》确是一幅很概括的图像。三座大山虽然可恶，但是，睡狮不但觉醒，而且已经活跃起来，身上充满了生机。

中国画《负伤的狮子》一作尺寸为110cmx109cm，作于1938年，画上有“负伤狮，廿七年岁始国难，孔亟时与騫若先生同客重庆，相顾不怿，写此聊抒忧怀”的题字。这是徐悲鸿先生在描述国家沦陷后的悲怆感情的见证。这只负伤的狮子正是中国此时的情形：

从1937年7月卢沟桥事变到1938年10月，广州、武汉失守。中国军队先后进行了平津会战、淞沪会战、忻口会战、徐州会战、太原会战、武汉会战等

① 引用百度网络1934年与其他抗战书籍。

重要战役，并取得了台儿庄战役的胜利，阻滞了日军的推进，粉碎了日军3个月灭亡中国的狂妄企图。尽管中国军队的许多官兵对日军的进攻进行了英勇的抵抗，但正面战场的战局仍非常不利，先后丢失了华北、华中的大片领土，国民政府亦迁都重庆。② 狮子负伤了，怀着忧国忧民的心情，徐悲鸿先生用画笔，借着自己所掌握的动物画技巧，以《负伤的狮子》表达了对国家大片国土沦陷后的怆痛情怀，是恰如其分的形象。负伤的狮子确实形象地概括了那年中国的光景。

中国画《侧目》作品，作于1939年夏，尺寸为111cm x109cm。其上有“廿八年夏日再写，殊不称意，时客星洲”的题字。这是徐悲鸿先生客寄新加坡，心系家国，听到国内军民奋进打败日寇猖狂进攻的消息，心中欢喜而作。

画上雄狮居高临下，藐视来犯之贼寇。不是吗？1939年5月，中国军队在随枣会战中，虽然“我方部队久经战斗，无充分补充，本已残破，又缺乏平射炮等武器，对冲击的坦克无法抵御，所幸士气尚盛。士兵据壕死守，即以血肉之躯与敌人坦克相搏斗，官兵的勇者竟攀登敌人的坦克之上，以手榴弹向车里投掷，作战的勇敢与牺牲的壮烈，笔难尽述”。必须指出的是，在八年抗战中，在抗日救国的伟大精神感召下，绝大多数都成了抗日的英雄和抗日的英雄军队。“一般人的观感，都说抗战中，中国的军人进步了；其实，岂止是进步而已，我们的军队，在抗战的烘炉中，熔化成了国家的军队，我们的军队，锻炼成为现代的军人了。这是国家统一最基本的一步。”

1937年淞沪抗战结束后，如前所述，不仅日陆军省公布“此次上海战事，我方伤亡达四万”，而且诚如中国大陆史家所言：它（淞沪抗战）争取了三个月的时间，使得长江下游的工厂和物资有了内迁的时间，使“国际观感一新”。其次，它使得在华日军不能随意行动。日军从华北抽调了两个半师团增

② 引用百度网络1938年与其他抗战书籍。

援上海作战,造成了中国军队在华北的有利形势,尤其使山西有了准备的时间。

同年10月，日军为解决华北战局，除以一部分兵力向五台山警戒外，其主力企图直下太原。卫立煌遂受最高统帅部命令，统率第十四集团军四个半师星夜向太原以北集中。日军即以五万兵力，以中央突破方法攻击忻口，著名的忻口会战遂以打响。这一仗，我军歼敌四万人，造成华北战斗中最有利之战局。如前所述，我郝梦麟军长、刘家祺师长于是役壮烈牺牲。

1938年3月的台儿庄大战，先是由我庞炳勋军团在山东临沂据城死守，后张自忠将军赶到，两军内外夹击，如疾风暴雨。敌板垣师团因不支而仓皇撤退。庞、张两部乃合力穷追一昼夜，使敌军无法立足，狼狈一退九十里，缩入莒县县城。沿途敌军遗尸甚多，器械弹药损失尤大。是役歼敌三万余，为阻断南北日军打通津浦线， 阻滞日寇沿陇海铁路及沿长江迅疾进攻我武汉，功莫大焉。

同年5月开始的武汉会战，是役，敌我鏖战达五个多月之久，歼敌二十万。俟日军在大亚湾强行登陆，武汉及粤汉铁路已经失去防卫意义之后，我军才决策主动放弃武汉。然而，武汉会战却对阻滞敌人西进，消耗敌军实力，准备后方交通，运输必要武器，迁移我东南和中部工业，集中我东南人力物力于西南诸省，以进行西南之建设，以坚持持久抗战，奠定了十分重要的基础。

1939春的豫北反攻，即“消耗敌军近五万人”。在该年包括晋南反攻、豫北反攻、鄂中反攻、赣北反攻的整个“四月攻势”中，共消灭敌军九万人。是年的随枣会战，我军不仅反攻获胜，光复枣阳，并与敌胶着于随、枣之间，使敌“遗尸五千余具，马匹器械无数”。③这些中国军队，中国雄师之英勇抗战，正是画上雄狮之雄态 。这是遥在新加坡的徐悲鸿先生创作的以狮子为题材的《侧目》中国画作品。画面中地上之蛇正张开大口，要吞食身躯比自身大几十

③ 引用百度网络1939年与其他抗战书籍。

倍的雄狮，一大、一小，一个张开血盆之口，却是那样的渺小可怜！真叫人笑其狂妄！一个怒睁环目，注目侧视，显出凛凛威风，真叫人倍增必胜信心！

“广大中华民族人民热血抗战，前仆后继，给日军的进犯以极大的消耗，直至争取抗战的胜利！在抵抗外来侵略者的民族战争之战场上，开辟准备后方交通，运输必要武器，迁移我东南和中部工业，集中我东南人力物力于西南诸省，以进行西南之建设，以坚持持久抗战，奠定了十分重要的基础。”④

徐悲鸿先生以雄狮为题材的中国画《侧目》一舒胸中意气。现在我们可以知道，徐悲鸿先生已经能得心应手地运用狮子表述意思了。

当他听到陈孝威将军倡议《会师东京》演讲后，先是运用擅长的水墨奔马画五马会聚富士山下的《会师东京图》赠陈孝威将军，后又决定以自身喜爱画的狮子来表现主题，同样是抒发胸中之气。

这表现同一题材来说，七狮之《会师东京》创作于五马《会师东京图》之后，就达到艺术效果的角度来说，由于狮子谐音雄师，比拟更恰当。五马立于日本富士山下，七狮雄聚于日本富士山顶，已又上进了一步。五字之数，不如七字之数完全，七是三加四之完全。数字上又前进了一步。最令人叫绝的竟是《会师东京》图上天空之星云，有点像原子弹的蘑菇云，整个画面之气氛，叫人想象万千。毫无疑问，这是一个飞跃，一大进步。在作品的中心思想不变的情况下，因着表现手法、所用题材的不同的缘故，达到了艺术形式的统一，达到了个人艺术创作的顶峰。因着《会师东京》是二战中最具代表性的反法西斯美术作品，足以代表一个国家，一个民族，一个时代，所以他的画狮艺术价值就已经彰显出来了。他的画狮艺术价值比马更“高”就“高”在这个地方，因此，陈传席先生之见识是“高明”于其他人的。

古代的人物画和动物画在形象的精准表达上我认为比不上现代人。脱开

④ 引用百度网络1939年与其他抗战书籍。

笔墨，形象当然是现代人好，这是因美术学院教学的结果，起码是形象就像对象。再一个是解剖学的产生，结构上理解了，还有透视学的产生，都是使现代人超过古代人的原因。这些基本功，首先让徐悲鸿先生学到了，并发挥到极致。为了画好马，徐悲鸿先生还个人买马解剖，所以他画起马来成竹在胸。凡世界上动物的骨架、结构都有相似的地方，马和狮子似乎皆可以类推。

柏林的写生画狮之磨炼，使徐悲鸿先生最终画狮成功，有了比马价值更高的技术基础。对创作的精益求精体现在从五马到七狮的飞跃，并将他艺术创作的顶峰定格于七狮之《会师东京》。就民族精神的表现而言，我用徐悲鸿先生不同时期所画的中国画狮子，论证了徐悲鸿先生的忧国忧民之心，通过作品，表现民族精神。拿破仑将中国比作睡狮，在徐悲鸿先生的笔下就充分地体现了出来，不是“生龙活虎”吗？难道不比马价值更高吗？陈传席的“或许”应该“确实”才对！

我既发现美术界对徐悲鸿先生的评论还达不到精准的地步，我就试图通过北京首都文化之都的丰富藏书和资料，全方位地考据、查证、审阅得出在原有评论之外的，更接近事实真相和较准确的结论。也就是在中国台湾、中国香港、以及祖国大陆已经下结论、定论之外的再考证后的结论、定论。

恐怕我独持偏见，需要使普天下人共识，我有待美术界、理论界指正，似乎更要说服陈传席教授，不知陈教授能认同否？我们共同的结论是徐悲鸿先生画狮艺术价值很高，他以狮为题材的《会师东京》是世界二战反法西斯代表作，完美的寓意画，将狮子的形象提升、完美到顶峰了，从此无人能超越。徐悲鸿先生画的狮的艺术价值要比画马价值更高就高在此处！还有一点，任何后人不能超越的另一个原因就是：谁在心灵和身体上经受的压力比徐悲鸿先生创作此画时的压力更高？艺术品是不能重复的作品，有如《兰亭序》作者本人尚且无法再高于五合之时的创作，他人能再高吗？《会师东京》的狮子是绝唱之作！更是徐悲鸿先生一生创作最大尺幅的狮子作品，其气势逼人！

“世有公论、史亦终有公论。”中国二战军事预言家陈孝威将军，热爱祖国，凭着超人的智慧，分析形势发出战争发展预言，功不可没。 徐悲鸿先生就因陈孝威将军之文兴图，用狮子来表示，来寄托，是徐悲鸿先生绝妙载体。早先，徐悲鸿先生原就用此题材创作了许多以狮为题的抒情作品。至于《狮》《新生命活起来》《负伤的狮》《 侧目》就是用同样题材，显示了东方雄狮各种大环境里的景况之寓意作品。《侧目》就是一幅在抗日战争中显示中华民族雄伟力量的比拟画。渺小的蛇，怎能战胜雄狮呢？事实浓缩在这张动物画的比拟之中了。《会师东京》更是如此！

徐悲鸿先生经常用奔马来表示对国家的忠贞，对前途的希望。同样用狮子来表示，来寄托民族的力量。这两个所擅长的动物画都是徐悲鸿先生一绝。徐悲鸿先生妙笔生花！以狮喻祖国，恰当、生动、活泼矣！以狮比喻中国正义之师，全世界正义之师恰当、生动，《会师东京》中的雄狮雄哉！雄哉雄狮与母狮！

狮 1930年 53cmx86cm 原载于廖静文著《徐悲鸿一生》62—63页插图

新生命活跃起来 1934年 113cmx109cm 原载于廖静文著《徐悲鸿一生》插图

负伤的狮子　1938年　110cm×109cm　　原载于陈传席《中国艺术大师徐悲鸿》237页

侧目　1939年　110cm×109cm　原载于陈传席《中国艺术大师徐悲鸿》236页

三、小结

凡人的一生,都好比在以自我为中心来画圆圈,来规划圆球。而所有的圆圈,每一个平面圆都是从圆心开始的。假如能画成立体圆球,这个圆心也不变。那区别只在于立体和平面而已,端点始终不变!平面圆的大小取决于半径的长短,半径越长,这个圆就越大。立体圆的大小,也取决于立体的半径之长短,体积大小在于半径的全面施展成形。不论平面圆或立体圆球,它的圆心在数学上就叫做端点,中心,也就是圆心。

我最欣赏徐悲鸿年谱上的一句话:“余性爱画狮,因值天气晴朗,或上午无人之时,辄往写之,积稿颇多。”这是徐悲鸿先生描述内心喜爱而作的一句话。能以自己所喜爱的为圆心是多么美好的一件事呀!

我认为这是他一生所画的许多平面圆圈中的一个重要端点,所画立体圆球中端点,这是他画狮有高明成就的端点,徐悲鸿先生画狮子的半径是很长的。所以他的狮子,以我的角度来论说是超过马半径,以狮写意是其一生成就最高峰,被人欣赏,仰而观之,美而赞之,颂之。

我的《徐悲鸿研究补正》论说中心即徐悲鸿自认《会师东京》是其得意的“主要者”作品,我认为是其一生艺术创作的最高峰、顶峰。好比是喜马拉雅山上的珠穆朗玛峰。这是中华民国时期的民族心声,民族心灵之述说。是中华民族抗击外辱、雄起奋争的心灵图像。所以《徐悲鸿研究补正》一书就是献给《会师东京》作者的礼物。

《徐悲鸿研究补续》是着重论说中国抗战文化代表作《会师东京》

之所以完美的诀窍。其中一个决定因素是因徐悲鸿先生得到了爱妻廖静文先生纯真的爱情。因着与她的结合，本在困扰之中，豁然开窍，明白了阴阳之道，完美了《会师东京》当有母狮与诸雏居其右之佳构。我围绕着廖静文先生敬爱徐悲鸿先生展开论述：丈夫成功一半决定于妻子。夫妻必同尊同荣，本书就是献给廖静文先生的礼物。

我除了用“抱一为天下圣”之考据宗旨外，更以《圣经》之道德尺度来衡量大师夫妇，并提出了“只要是人，人生自古谁无错？”之普世定理述事明调，且明确地用“夫妻”二字的定义为框框来点评徐悲鸿的爱情。大浪淘沙，年岁汰事。只有经过岁月的检验仍能站住的才是好东西。

栽什么种子，开什么花。栽什么种子，结什么果。徐悲鸿先生性喜画狮，开出了中华民族之花：以狮子为图像画出了民国时期的中华民族形象，生动形象地表述了当时民族心灵与心声。所描述题材既是狮子，我就瞻仰了他一生的画狮作品，由幼年到中老年，由素描到色彩，由油画到中国画，我发现无不成功。我便通过预言画《会狮东京》为线索，为主轴线将其所有的狮题材作品，贯穿成了一串珍珠链子，完成了一个徐悲鸿画狮子是其最闪光点的论说，论证了徐悲鸿画狮子的学术价值确实超过其画马价值之学说论点。画狮确实贯穿了徐悲鸿的一生，因我还收集徐悲鸿不少画狮作品，但就以上所举例子，已经能圆所说。我凡事论说必“抱一为天下圣”，我的专题《徐悲鸿研究补正》与《徐悲鸿研究补续》论著，就紧抓他本人的几句重要的论画狮原话来论说。能否经得起时间的检验那只有等待了。

但我放胆说一句话：徐悲鸿画狮，妙哉！善哉！雄哉！伟哉！

傅绍贤

2015年9月10日

第三部分

·徐悲鸿一家的贡献·

徐悲鸿生父徐达章先生所绘《松阴课子图》　原载于陈传席《中国艺术大师徐悲鸿》第8页

徐悲鸿与齐白石、吴作人、李桦等合影　原载廖静文著《徐悲鸿 一生》插图

一、综析徐悲鸿先生

孔子曰："诗三百，一言以蔽之，曰：思无邪。"

凡文艺作品，多是文人、墨客、画家有感而发，充满真实感情，思想纯真，语言诚挚的作品，必能使人内心澄澈起来。徐悲鸿先生以画狮寄托中国人民和全世界人民正义必胜、邪恶必败的预言画，思想纯正，引发人类正气上升。在中国人民纪念抗战胜利七十周年的今天，我们尚义、尚文、尚法地对待周边国家，因社会是向光明、正义、和平方向发展的。中国是诗的国度，我们思想是纯正、无邪的，我们是诗人，是画家，我们写出的是诗章，是画卷，是音乐，是音符。我们站在历史的高度上来看问题，分析问题，以史明鉴，清澈、明亮。

中华五千年历史，是有丰富的教材的。我们以无邪的观点来审视，得出无邪的观点。用正确的观点写出正确的语言、写出正确的正面形象、树立正确的榜样，以给后人为鉴。

人是万物之灵，有天良之美。认识人之本性，恨恶邪恶，动之以情，晓之以理，音乐、美术、戏曲、诗歌是表达的方式与方法，其根源都是一样的，都是心灵有感而发。从五千年流传下来的文艺作品中，一代一代人受之熏陶、影响，又加以发挥，再向前发展、传承。我站在人类心灵的尖端作品的前面，沉思默想，站在图书、画册面前阅读欣赏，找出最具代表性的，最被人关注的人物，得出审思明辨的结果，相信能净化人间。

孔子离开仕途后开创全新的教育理念，其思想被中国人民所认知、认同。

这是中国历史发展几番起伏、几番争论的结果，孔子的文化教育实在是推动社会发展的重要工具。

“明劝戒、著升沉，千古寂寥，披图可鉴”则是绘画的功能了。我是画家，但我的理念却特重视文史研究与理论的建立。我试图从中国现代绘画之父徐悲鸿先生身上找出与解开美术教育在中国现代人身上的社科价值。

社会的最小单位是家庭。一个人是社会最小分子，一个家庭是构成社会的起码单位架构。徐悲鸿先生的家庭之悲欢离合，实则是一个中国现代婚姻概况的缩影。是半封建、半殖民地到民族独立解放过程中最具代表性的家庭。

徐悲鸿是中国走向觉醒、走向成功的典型代表人物。他的家庭和他本人就是一部中国进步的微型电影。我研究他深感到特别有意义。我认为剖析与研究他的成功，就是谱写中国近代史与美术史的缩影之脚本。

第一，他的婚姻具有中国婚姻的代表性，是一个典型的案例。其父徐达章先生是一位学者，是一位画家。但封建社会的婚姻烙印不免打印在他的身上。他养子为传后，又为儿子选妻择偶，全部包办。我有理由认为他的代表作《松荫课子图》上松阴抱琴幼女就是徐悲鸿的不知名的第一任夫人。从图上看，二人年纪相仿，女的应稍微年长一点，故显得老成相一点。徐家长子是寿康，别无女儿。从给儿子起名字上就可见徐达章先生是希望徐寿康安身立命于家庭建立，此女子则是希望的寄托，是徐达章先生亲自相中的儿媳。

那个时代，女方年龄大于男方，是不奇怪的，为了早生孙子，就选大一点的。徐悲鸿有一张十四岁的照片，就与《松荫课子图》上的儿童长得一模一样。图上被课子约在十一岁左右，是1905年时画的。其上题诗曰：“光绪三十一年。岁次乙巳中秋之月，法我斋主人自绘并题：荏苒青春卅七年，平安二字谢苍天，无才济世怀惭甚，书画徒将砚作田。平生淡泊是天真，木石同居养性情；切愿康儿勤学问，读书务本励躬行。求人莫若求诸己，自画松荫课子图；落落襟怀难写处，风光霁月字糊涂。白云留住出山心，水秀峰青卧此身；琴剑自娱还自砺，寸心千古永怀真。”

徐达章先生学识、人品无话可说，但浑然不自觉地就将封建社会的烙印印到徐悲鸿身上，相对徐悲鸿来说是难以接受的。徐悲鸿他有个性，有追求，这个个性又是很强烈的。徐达章先生因身躯老病，望子早婚，这与不再做一名乡村画师的徐悲鸿有相悖之处。逃婚一事就是矛盾的对立两面。徐悲鸿被抓回来结婚，心里愤愤不平。生了儿子取名又是见证，“吉生”与“劫生”是不同的两个社会观。一个封建观点，另一个追求解放。生子起名一事，就是矛盾对立的两方面。只要是于徐悲鸿艺术追求有干扰的，徐悲鸿先生就反感。爱艺术胜过一切，艺术追求压过一切。所以，对第一任妻子，徐悲鸿先生认为是父亲管束自己的工具，因无共同语言，二人是毫无感情的。所以一直是逃避，离开，就是死时也不在其身边，而在上海。即使是回去看她却又碰不上，旋又独自返回上海。真是冷冰冰的夫妻关系。

徐达章先生是徐悲鸿先生启蒙老师和父亲，但戴孝期间穿红袜子是其不修边幅的表现，而徐悲鸿先生是孝子，借钱殡父是孝子的证据。安葬父亲的告贷信是这样写的：德成先生尊鉴：前辱蒙矜育惠临寒舍，措置一切，悲鸿率弟没齿不忘，泣叩彼苍胡加余胡毒。母将垂老，而弟幼者在襁褓中，呜呼！先严何脱然舍之而遽去耶？今窀穸已卜，临穴有期，故奉函驰闻。且欲世伯代筹二十番，使勿却者，则悲鸿镂骨，愿化犬马图报耳。墓处近南，故祖墓侧，堪舆云尚无妨碍，已定四月十八日巳时下葬矣，谨以奉闻。敬请大安！老祖父母万福金安，寄母大人大安。并颂阖府均佳。

悲鸿率弟寿安等谨上

一九一四年四月 （见《徐悲鸿书信集》第一页）

徐悲鸿先生悲痛失怙，红白二色同在一身上出现，就是白色的孝鞋里竟穿着红色的袜子，这在居孝期间是触目惊心的，难怪乡里视为怪异，广为传谈，成为传奇式人物而引人注意。也就传到同乡，后来成为妻子的蒋碧微耳中，引起了她的好奇心，就有了在宜兴蒋府里的第一次特借故去大厅堂看识与蒋伯父交谈中的徐悲鸿之事。

随着羁绊的减少，如老父离世，第一任夫人离世，吉生的夭折，徐悲鸿求学的拖腿事减少了，直至学成归来。在当时的社会，不论富裕家庭、贫寒之家，同在封建社会，同样都有封建残余，那个时代的中国婚姻状态就是这个样子，绝大多数的中国人都是这样走过来的。徐悲鸿也一样，有挣脱的要求，却有无法摆脱的绳索，就是整个社会大体现象。但是他却以个人意志为转移，追求者得解放，既尽人为，但也由天数。中国的社会就是在矛盾中进步，矛盾中生存，矛盾中前进。徐悲鸿与第一任夫人组成的婚姻是挣脱不了封建性质婚姻，是尽人为，也尽天命的婚姻。但这个婚姻显出了徐悲鸿的个性，敢于反抗！这也是中国人民渴望从封建社会中挣脱出来的愿望和表现。这是一个时代缩影，一个时代的类型。

辛亥革命后，在新民主主义社会中，中国妇女已经觉醒。蒋碧微虽然出身名门，但也是一步步地走出闺门。没有裹脚，证明辛亥革命解放了妇女，已接受社会同化。到父亲朋友林天禾开办的学校去教书，就是男女同权了。这是起飞的条件，没有这个条件，徐、蒋结合是唐突的，这样才有了思想上的基础：在蒋梅笙家门之外的接触，心灵靠近方便得多了，书信来往，沟通顺畅了。蒋碧微由仰慕到接近，从第一次在家里偷窥传奇人物到面对面对视，到书信交谈，对话，是全方位地了解了徐悲鸿先生的。内因是决定性的，外因当然是有关系的。亲戚朱了洲的努力，恩师康有为的策划是促成好事的因素，两情相悦是关键。徐、蒋婚姻是同乡、同事于相互了解，家庭熟悉，文化修养相近为基础。以后出现裂缝主要还是徐悲鸿对艺术追求太狂热、太执著造成的。蒋碧微说他应该和艺术结婚是对的：一个人的主要点既高过了一切，甚至连父命也敢违抗，当然就是与老婆也必有矛盾存在。综观徐悲鸿历史，综观蒋碧微回忆录，我可下这样一个推测，如果徐悲鸿稍微不那么认真、热烈地追求艺术，对传统优秀作品收藏、投入金钱不计回报。如稍微留住一点心放在蒋碧微身上，满足她一点，夫妻关系可能会好一些。当然，有张道藩的插足，是主要原因。蒋碧微倔犟个性也是主要原因。徐、蒋二十年的夫妻生活是中国人民脱离封建，走向平等，男女同权的社会代表。蒋碧微是民国时期女权自由平等的代表，但与中国人民同受亡国沉沦的威胁，同受日寇欺负的苦难，一同挣扎在民族的苦难之中。那一个时期中国人民基本状态就是这样浓缩在这对夫妻身上：挣扎求解放是特点，共同沦陷是特点，向往民族解放，挣脱日寇锁链是共同呼声。《会师东京》则是艺术的概括，艺术的表现！所以时代的特点更集中呈现在徐悲鸿身上。

日寇无条件投降后，蒋碧微跟张道藩去了中国台湾。蒋碧微决不参加国民党，这是思想意识，是人民的自由意志表现，因此人民性存在。所以，这是中国人民一个分支。在抗战艰难岁月里，廖静文则由公开应聘进入中国美术学院，在徐悲鸿先生极度艰难之中，在身体十分疲惫、虚弱的情况下出于敬爱而结合，就好像中国人民在艰难之中跟着共产党走解放之路，而且取得了最终胜利，建立了新中国。

中国人民翻身做了主人，在世界上地位越来越高。中国人民从此不再受帝国主义欺负了，中国越来越繁荣、越来越富强。同样中国妇女完全摆脱了不平等的地位，与男人同尊、同荣。廖静文就是新中国妇女的代表人物。廖静文以其温柔的个性，相同的政治观点，细致的生活料理使饱经风霜的徐悲鸿先生享受女性的爱情、温柔与和顺。虽然夫妻生活相处仅三千八百二十几天时间，却是徐悲鸿先生心灵满足的日子，甘甜的日子。廖静文为徐悲鸿先生生下一对儿女，成为徐悲鸿大家庭的主母，大当家，四世同堂。儿子徐庆平继承了徐悲鸿的美术传统，成为中国人民大学徐悲鸿艺术学院院长，还先后担任过徐悲鸿纪念馆副馆长、馆长。徐悲鸿的美术事业后继有人。

徐悲鸿最终得到高尚的爱情，得到“简·爱”式的爱情构成了传奇式爱情样板，两岸人民齐心称赞，完美的结果，正是中国人民的婚姻代表，必载入中国青史，传颂于中国人民和世界人民心中、口中。

廖静文的爱照亮了徐悲鸿的人生晚年，成为他婚姻生活中的最亮点：人世间夫妻恩爱模范，清纯、美丽。徐悲鸿的婚姻是典型，跨越了三个时期，直到完美。

其次，徐悲鸿成才之路也是中国贫寒志士的样板，成功的典范。他立志高远，不苟小成，在中国美术史上徐悲鸿堪称第一人。一个乡村画家，一人执教三所学校图画课，在乡村是了不起的了。但徐悲鸿不惜排除万难到人生地不熟的上海滩去奋斗，徐悲鸿的艰苦奋斗精神是深深感动少女蒋碧微的。

徐悲鸿在上海求学谋生的经历是教育后人的优秀励志篇。凭着少年汉学功底，创作出《仓颉像》而成功进入爱俪园，成为仓圣明智大学教师。勤奋地自学外语、争取到外国留学，要从外国人身上学到先进的东西是当时社会的一大潮流，徐悲鸿又是领潮人，看到中国当时落后被人欺负，力求上进。不同的有志青年切入点不同，徐悲鸿既是画家，自然而然是从美术上找到切入点。其父亲徐达章是画国画的，但徐悲鸿既学国画又学西画。他先是找到周湘先生，由此对油画有了初步的了解。这对以后的欧洲留学是有一点好处的，徐悲鸿的进步是一点点的积累上推进的。人的知识就是积小成成大成。经历得多，基盘打得大，成就就越大。中国艺术界所有的成功，都是前辈们摸索探讨出来的。也就是当年老一辈先贤一步一个脚印走出来的。徐悲鸿的成功是全方位的，对中国的贡献也是全方位的：先在求学的道路上取得成功，然后再推动中国美术各方面的成功。

这位寒门学子，迫于贫寒，买不起很多油画颜料，就在素描上多下苦功。他儿时随父学画，学过吴友如的白描人物画，已具有很好的造型能力。但他正式学习西画，乃是1919年赴欧洲以后的事。既是西方美术教育的要求，也是徐悲鸿个人心得，得出素描是一切造型美术的基础。就像房子和建筑的地基必须打得坚实。而事实上一个画家第一要学习的就是观察能力，素描就是用单一的色彩画出对象的形体。画纸上的素描画的物体达到精准时，画家的观察能力也到位了。有童年打下扎实的基本功，加上西方训练方法几年的培训，手眼合一时，作品就上乘了。白描画是中国画概括的表现手法，加上西法素描的体积表现训练，就是由面向线的发展，由立体到平面的表现。徐悲鸿之所以成为大师，他基本功的学习路子就比他人全面。因此徐悲鸿的素描在世界上是一流的。他能用铅笔画出裸体女人肉体的准确线条，不但精准，而且画出了血肉质感。他流传下来的素描作品很多，很好。

徐悲鸿的“新七法”就是他素描的表现结果：一、位置得宜，二、比例正确，三、黑白分明、四、动态天然，五、轻重和谐、六、性格毕现，七、传神阿堵。这样单色表现物体出色了，复色表现物体（包括人物、动物）就更有把握了。

徐悲鸿的油画基本上是在西方学的。在上海时曾到周湘的画馆中有过几个月初步的接触，但是是画广告，非正规油画训练。在欧洲，素描得到导师们的首肯后就进入油画学习。他不但学达仰，也学弗拉孟和贝纳尔，也对普吕东等名家作品进行临学，兼收诸家之长。

1922年，作品《老妇人》入选法国巴黎国家画展。徐悲鸿在油画艺术上的成就之卓越、造诣之高深和他的修养及技术磨炼是分不开的 。他在欧洲前后花费八年时间，攻习西欧的油画技术，他的油画修养的艺术水平，堪称典范。但他学到的技术与修养是用于发展中国的油画的。他回国后创作的油画作品《田横五百士》《九方皋》《徯后我》《愚公移山》都是鼓舞国家正气，振奋民族精神的好作品。

将西洋画学到手，带回祖国，让外来画种在本土扎根，提倡现实主义，洋为中用，为中国油画民族化开辟蹊径。中国今天油画事业是繁荣发展的，其中徐悲鸿的功绩是显而易见的，他有起奠定基础的作用。

徐悲鸿对中国画的另一杰出表现是将水墨画发展到一个新高度。中国水墨画相传始于唐代，成于五代，盛于宋元，明清及近代以来续有发展。以笔法为主导，中国水墨画充分发挥墨法的功能，“墨即为色”，指墨的浓淡变化就是色的层次变化，“墨分五彩”指色彩缤纷可以用多层次的水墨色度代替之。北宋沈括《图画歌》云：“江南董源传巨然，淡墨轻岚为一体”说的就是水墨画有“如兼五彩”的艺术效果。

唐代王维对画体提出“水墨为上，后人宗之”的观点。长期以来水墨画在中国绘画史上占着重要的地位。现代水墨画最具代表性的有两位人物，一位是齐白石，一位是徐悲鸿。一个水墨画虾，一个水墨画马，是中国画坛二绝。

但不能不将徐悲鸿摆在首要地位，就如千里马还得“九方皋”赏识。徐悲鸿既为九方皋，更是千里马，一身二职。先说他是“九方皋”，他一人反万口地推荐齐白石，是具有胆识的。因徐悲鸿对艺术的理解与定论是从生活实践中来，以自然为师，以造物为天然，重写生、传生意，不死守古法，重视创新，反对四王的笔笔有来历。徐悲鸿不重名头、不看学历，只重作品的创造性。没有学历的齐白石得到徐悲鸿赏识就在于其艺术上的创新源于生活，高于生活。不像一些抱残守旧的画家死守古法，食古不化。

我们来看齐白石的虾，体现出了他高度的笔墨技巧。在表现了水墨、宣纸的独特性能外，又将虾之质感表现得淋漓尽致，灵动活泼，栩栩如生，神韵充盈。齐白石用淡墨数笔绘成躯体，浸润之色，更显虾体晶莹剔透之感。以浓墨竖点为睛，横写为脑，落墨成金，笔笔传神。细笔写须、爪、大螯，刚柔并济、凝练传神，显示了画家高妙的书法功力。画家写虾，来自生活，却超越生活，大胆概括简化，更得传神妙笔。他的描绘虾的方法正是徐悲鸿所意向的表现手法。至于虾的精神状态，虾的有弹力的透明体，虾在水中浮游的动势，把艺术造型的“形”“质”“动”三个要素完满地表现了出来，这样丰富的内容，齐白石先生用的是简练的笔墨，不能多一笔，也不能少一笔，一笔一笔都可以数得出来。难怪徐悲鸿视如珍宝，如发现大宝库。明代徐渭的水墨画征服了齐白石，使之甘当其“门下走狗”，也使他的水墨虾成为征服人类心灵的艺术作品。

但凡一个新的创举都要有人推崇，要不，保守、守旧的必会掐、扼之。齐白石本身所画虾的生命力，加上徐悲鸿的推崇，被人欣赏。为了推崇齐白石，徐悲鸿将自己的画价标得低，与齐白石的画挂在一起，又将齐白石的画价标得很高，他就是这样高抬齐白石的。所以徐悲鸿的人品是极其高尚的，一反文人相轻的陋习，这种高尚的品行，就值得后人敬仰。而画坛上的“九方皋”本身的水墨画又是怎样的呢？

徐悲鸿的水墨画马是他精熟马的结构，积累了几千张写生稿后，提炼出来的作品。精熟于素描表现动物，动物的形象早已烂熟于胸的情况下，徐悲鸿换用毛笔、墨来表现胸中之马，就有如郑板桥画胸中之竹。在中国水墨画的创新上，徐悲鸿在动物中突出的表现是在马的表现手法上讲究立体形象，用一笔中的浓淡表现出体积。徐悲鸿一般运用干笔扫出鬃毛与尾巴，又用浓淡笔加以变化，故气宇轩昂。马腿上部用劲笔线勾划轮廓，下部浓墨直线有如钢刀，力透纸背，而腹部、前伸的双腿与马头皆画得很有冲击力，似乎要冲破画面。豪放的泼墨和劲秀的线描写意的方法，刻画出了马的神韵和气质。

他画中的奔马或立马，无不雄骏、矫健，颇有潇洒男士之美感，这是自星洲（新加坡）及西域游历回来后的由感悟而腾飞之结果，马更赋予了画家的个性和理想——为振兴民族艺术而奋斗！

单纯中求变化、对比中求统一，墨与笔在徐悲鸿的手中得心应手地发挥于宣纸上的奔马作品中。不同时期的马的不同的形态，有不同意义的寄托。这些作品无不寄意深远，激人奋进，动人心魄，震撼肺腑。徐悲鸿的马也是中华民族精神的表号，是中华充满阳刚之气的图腾之一，更富有庙堂之威风。相比齐白石的虾，一个雄贵壮丽、一个野逸潇洒。一个阳刚大气、一个阴柔灵巧，一个豪门伟士，一个小家碧玉。但都达到极致、顶峰，无以复加，无出其右。所以我说一个水墨画虾，一个水墨画马，都是中国画坛之绝。而徐悲鸿在表现题材上的气势胜于齐白石水中之虾，当得更高分。

徐悲鸿既是“九方皋”，更是千里马，一身二职。就水墨画而言，包括黄胄的驴，还包括张大千的泼彩山水画，刘国松的无笔宇宙山水画，都是大中华的水墨发展历程的波澜，于志学的冰雪山水也是水墨画。近代水墨画中徐悲鸿的水墨奔马，是现在称代表人物中最杰出的代表。中国画家所画题材往往是自我推荐的主题，自我介绍的主题。往往所画的题材就是其人格的体现和寄托，也就是其人的代表，也就是其人心灵的表象。徐悲鸿所画的马和狮不但能代表其人，也可以代表中华民族。虾显然不能，驴显然不能。徐悲鸿高明在此处，也确实是特定的历史、环境里产生了徐悲鸿这样的民族大画家！

1、棠珍辞

眉山学士植兮，[①]
铁梗木海棠。
阳羡始繁衍兮，
寄华某枝光。

分插蒋府内兮，
东书房盛放。
花开女降生兮，
盼人珍海棠。

棠珍祖赐名兮，[②]
碧微丈夫赏。[③]
廿载雨露恩兮，
花碧翠微芳。

高堂有双德兮，[④]
汉学盈胸腔。
怜才惜国士兮，
慧眼识徐郎。

恨无第三女兮，
明示暗心房。
吹箫缘引凤兮，
相如求鸾凰。

“绿绮”棠珍弹兮，
两心早相向。
双飞比翼鸟兮，
朱、康展鹊桥。[⑤]

博爱丸长轮兮，
扶桑直东京。
临郑文公碑兮，
一日好几帧。

1939年在法国留学时的徐悲鸿

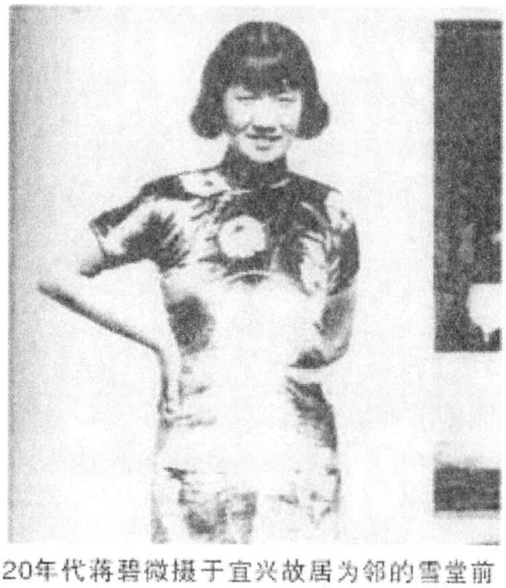
20年代蒋碧微摄于宜兴故居为邻的雪堂前
以上两帧照片源于徐悲鸿纪念馆

北平共喜好兮，
养猫寄康家。
得傅公信约兮，[6]
公费留欧洋。

五千元国费兮，
大师根基张。
风筝常断线兮，
异国炊时荒！

贫贱交难忘兮，
糠糟证心肠。
患难情难买兮，
怎教泪不汪。

珍馐难下咽兮，
巴黎孤影伤。
声泪感黄氏兮，
三扶黄不妄。

当炉如伴读兮，
欧洲情何长！
星洲除夕夜兮，
忆内梦诗详。[7]

娇妻伴英婿兮，
浅淡杂丛浓。
春风有力吹兮，
几度朝霞光。

花朵半开放兮，
有蕾呈朱妆。
十载得子讯兮，
欢呼凯归乡。

星洲黄曼士兮，
迎接送转忙。
飞霞新居大兮，
二家安身房。

徐悲鸿与黄曼士1925年于新加坡

箫声 1926年

图与照片皆源于徐悲鸿纪念馆

蒋、戴慈二老兮，
爱婿胜子堂。
悲鸿书信集兮，
岳丈铭文章。

为置寿安弟兮，
高堂义子收。
教之文字理兮，
三姑表妹婚。

伯阳长子降兮，
家馨喜盈门。
福州教厅住兮，
酬谢合家昆。

睡儿可掬态兮，
至今慰心田。
猩红热病患兮，
伉俪见深情。

最怜剖腹女兮，
多亏谢寿康。
四磅婴儿活兮，
安徽教授存！

花小称“绛萼”兮，
稍开粉红装。
淡艳竞风姿兮，
欲放未放强。

鲜红看艳丽兮，
最美动人肠。
果实亦玲珑兮。
至秋挂梧康。

红黄高秋枝兮，
争姒点红缸。
叹具别风姿兮，
瑞雪会纷扬。

伯阳 1928 32cm×48cm 原载于陈传席《中国艺术大师徐悲鸿》36页

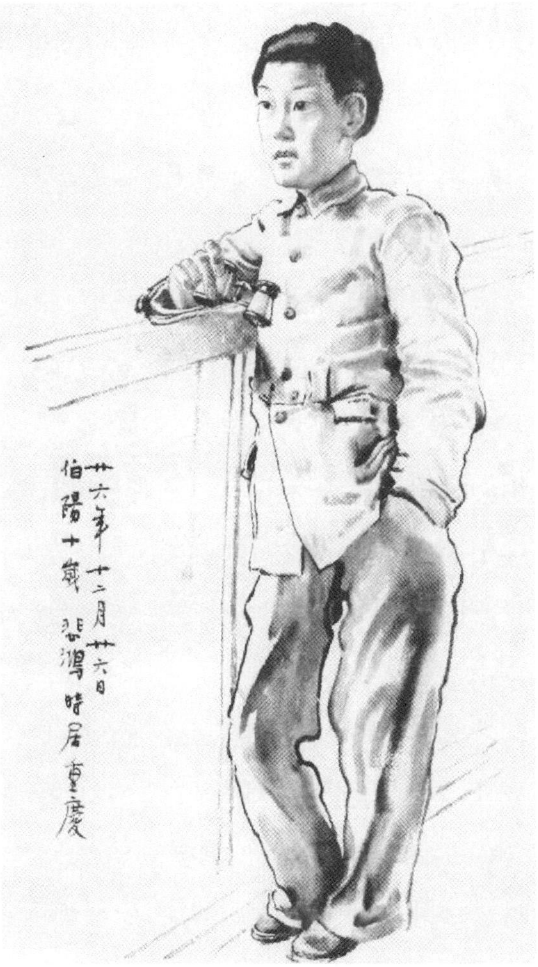

伯阳十岁

原载于北京美术摄影出版社《徐悲鸿画集》26页

庭院见红果兮，
冬景色少增。
国色伴国粹兮，
举世叹稀珍。

女貌才郎映兮，
史册有人倡。
低迷是国运兮，
高扬在精英。

浑金璞玉砺兮，
大器璀璨成。
八载共艰辛兮，
功成妻有分。

传播国文化兮，
欧苏画展彰。
名花国艳誉兮，
“花中神仙”王！

是否极泰来兮？
犹泰极否臻？
平地起风雷兮，
黑色年华登。

相如有思迁兮？
文君见真情。
功夫文君版兮，
有心欲思齐。

是悔不容人兮？
两造本一双！
眼睛不容沙兮，
安让《台城月》？

天狗老三插兮，
投石破井天！
井原为夫闭兮，
水清曾息波。

抚猫人像 原载于《蒋碧微回忆录：我与悲鸿》76页

原载于《蒋碧微回忆录：我与悲鸿》扉页照片

女人本是水兮，
寒极方成冰！
阴风不知阻兮，
冰裂祸酿成。

不是封闭井兮，
岂能二人饮？
天空无二日兮，
夜岂二月明？

一井是夫饮兮，
哪容外人侵？
满井石沉沉兮，
哪容丈夫身？

得知孙女去兮，
投降睦夫君。
可恨张宗鉴兮，
网密抓益深。

阴暗有“情圣”兮，
不容此家全。
庐山真面目兮，
碧微识得迟。

举头明三尺兮，
俯首问自心。
光第有不对兮，
丈夫不欢迎。

光第五旬试兮，
人心已变更。
邀请席移交兮，
分明宴鸿门。

愧对素珊女兮，
法国有恩铭。
祝寿在隔壁兮，
私情晓分明。

琴课 原载于《蒋碧微回忆录：我与悲鸿》66页

读书 原载于《蒋碧微回忆录：我与悲鸿》27页

碧微时心硬兮，
悲鸿苦磋砣。
家中有贼偷兮，
国有强盗凌。

此间灵高压兮，
创作有高频：
《会师东京》画兮，
反法最高音。⑨

板荡家国恨兮，
变数最偏奇。
恨君听江湖兮，
何来前生事？

蒋梅笙灵前兮，
指另找女婚。
珍瓷被打破兮。
泰岳亦难全。

灵前画速写兮，
报恩笔墨疆。
谁言寸心丹兮，
三春晖焉偿？

难敌情圣网兮，
肉心终终不禁。
不尊高堂意兮
夫郎悔失之！

失身珍名分兮，
棠珍终自珍。
碧微丈夫爱兮，
《琴课》内房馨。

悟得人生谛兮，
至死守名分。
既嫁徐悲鸿兮，
永世是发妻。

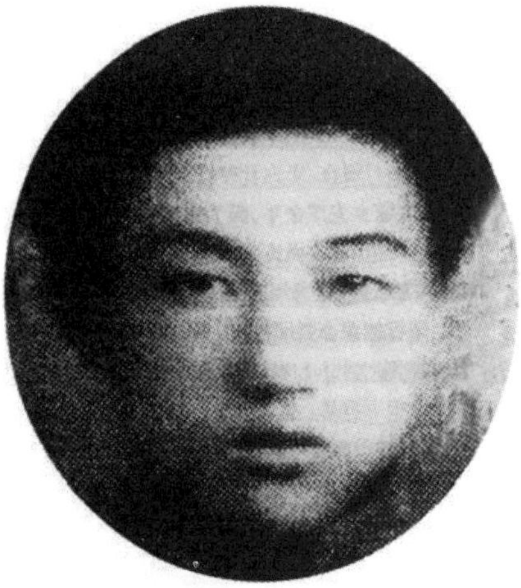

十四岁的徐寿康

原载于《蒋碧微回忆录：我与悲鸿》13页

1928年徐悲鸿与蒋碧微在福建省教育厅内与第一个孩子合影

原载于《蒋碧微回忆录：我与悲鸿》扉页

孤雁落孤岛兮，
守家守名芝！
阳明山上墓兮，
犹向故乡痴。

自古谁无错兮，
梦醒恨太虚！
悲鸿先梦醒兮，
妾今恋团圆！

两岸久分隔兮，
居然音讯来！
吾子徐伯阳兮，
寻母念台湾！

回首往事展兮，
榕城教厅馨。
夫君轮流抱兮，
阿侬腮边亲。

南京傅厚岗兮，
建筑好家庭。
兄妹花一朵兮，
谁不羡天伦！

一声“阿妈唉”兮！
天真丽丽呼。
我儿徐伯阳兮，
从军孙立人。

忽然飞鸿至兮，
叫我喜不胜！
呜呼难成眠兮！
渡日竟永长。

想思欧洲旅兮！
思念宜兴乡！
念念好子女兮！
萦思日好长！！！

徐伯阳与徐丽丽

原载于《蒋碧微回忆录:我与悲鸿》196页

徐悲鸿出生地江苏省宜兴屺桥镇　照片源于徐悲鸿纪念馆

2、学道赋

人间本有道兮，
道在人之心。
阴阳两相转兮，
早晚见分明。

日出太阳红兮，
月明太阴心。
阴阳相调协兮，
一个好家庭。

徐蒋夫妻配兮，
举世原众钦。
才郎得貌女兮，
相如卓文君。

当炉如伴读兮，
绘父胜古圣。
举世皆知贤兮，
欧苏画展名。

国花伴国粹兮，
青史留芳名。
汉学耀环宇兮，
阴阳合作成！

古今双璧合兮，
莫过此举擎。
上医则医国兮，
悲鸿有此心。

阳羡生此阳兮，
宜兴生此阴。
艺术能救国兮，
果真籍此身。

徐悲鸿自画像

照片源于徐悲鸿纪念馆

中华睡狮醒兮，
英杰一时兴。
师夷之所长兮，
脱夷之制明。

八载苦伴读兮，
除夕伤离情。[①]
伉俪恩爱深兮，
猩红病见焉。[②]

探骊获珠凯兮，
济世著明沉。
绘《愚公移山》兮，
救国大决心。

《九方皋》识马兮，
伯乐是本身。
教育兴国本兮，
人才唯举真。

知识孙才女兮，
祸从此处生。
夫妻是一体兮，
哪容外人侵！

夫妻本同林兮，
共筑堤防侵。
浮云未摭日兮，
虎子梦醒无。

可恨贼日寇兮，
国土蹂躏深。
黑云籍摭月兮，
国破家残侵。

阴暗有“情圣”兮，
不容此家全。
庐山真面目兮，
碧微识得迟。

徐悲鸿1950年9月6日画徐庆平　图片源出徐悲鸿纪念馆

一井是夫饮兮，
哪容外人侵？
满井石沉沉兮，
哪容丈夫身？

不是封闭井兮，
岂能二人饮？
天空无二日兮，
夜岂二月明？

光第五旬试兮，
人心已变更。
邀请席移交兮，
分明宴鸿门。

蒋梅笙灵前兮，
指另找女婚。
珍瓷被打破兮，
泰岳亦难全。

碧微时心硬兮，
悲鸿苦磋砣。
家中有贼偷兮，
国有强盗凌。

此间灵高压兮，
创作有高频。
《会师东京》画兮，
反法最高音。③

右易母诸雏兮，
是因“学道”成。
学道即静文兮，
湖南高中生。

学道本知道兮，
报国要有门。
离家来桂林兮，
求学求生存。

文工团合唱兮，
偶然见报名。
招考图书管兮，
得近悲鸿身。

有缘千里会兮，
无缘面不逢。
可怜大画家兮，
枯灯旱田陇。

问女何所爱兮？
衰体百病生。
问女何所期兮？
白发繁双鬓。

问女何所靠兮？
有病危血压。
命长仅十年兮，
随时脑溢血。

可怜伟国士兮，
多年一身孤。
四海零飘泊兮，
寸衷报国忧。

国宝《神仙卷》兮，
丢失落魄痴。
三昼夜不寐兮，
血管从此粗。

肾病未曾养兮，
胃病欧洲留。
当年飞毛腿兮，
如今佝偻躯。

食剩饭残羹兮，
借钱药费交。
临到廖学道兮，
贫病老先生。

纯洁湖南女兮，
心灵是港湾。
孤舟避风雨兮，
心灵从此安！

久旱逢甘雨兮，
得时分外甘。
豪情千钟酒兮，
江水碧如兰。

美容本虚浮兮，
艳丽亦假虚。
贤德好妇人兮，
俭朴持家杼。

人生大逆转兮，
绝处又逢春。
山穷水尽境兮，
柳暗花明村。

玉洁少女心兮，
三劝圆破镜。
不为自身谋兮，
但教有帮扶。

自身亦需帮兮，
本身亦须扶。
头风冷热燥兮，
饥饱饿渴多。

一心工作狂兮，
何人喧暖寒？
关心唯学子兮，
谁设顾师台？

敬爱日渐生兮，
同情时刻增。
有家归不得兮，
迫切有人撑。

照顾有相互兮，
岂能独自存？
一人居不好兮，
女人助男人。

创造是规律兮，
男女不可分。
既有二头在兮，
必须去一分。

仁尽哭悔尽兮，
悲鸿逢生机。
上苍惜国士兮，
窈窕淑女赐。

老干历艰岁兮，
春喜报生机。
不堪苦难累兮，
心身得撑支。

才德益家妇兮，
三代有荣光。
主妇廖女士兮，
四世好同堂。

徐家有爱立兮，
有爱有真情。
爱是骨中骨兮，
贴体情中情。

灯光因油加兮，
明亮复亮明。
清泉水澈清兮，
纯洁冰玉心。

在山泉水洁兮，
出山依然清。
苦寻真情爱兮，
得来是天成！

生为国家士兮，
死为国家英。
一生思报国兮，
夫妻双双成。

道是阴阳合兮，
合道阴阳成。
丈夫行大道兮，
妇随夫唱行。

悲鸿纪念馆兮，
爱国夫妻贞。
学道即妇道兮，
国费酬国卿！

湖南廖学道兮，
总在道中行。
天下有人识兮，
试作一赋吟。

3、鸿文颂

徐悲鸿与夫人廖静文（1951年冬）

照片源于徐悲鸿纪念馆

鸿文乃国骄兮仰之弥高，
徐哉悲哉鸿哉巍巍天骄。
国立世界兮岂单凭武略？
文明古国兮汉学兴波涛！

呜呼！晚清腐败兮丧权辱国，
政内朽腐兮国事糟糟。
辛亥革命兮建立民国，
觉醒民众兮思想新潮。

生晚清入民国兮国子，
阳羡有阳兮阳气蒸蒸。
不折不挠兮追求义理，
如渴如饥兮留日、欧洋。

化西学为中用兮其学洽洽。
化人强为我强兮铁骨锵锵，
《愚公移山》兮唤民奋起，
《九方皋》兮举英才滋滋。

《徯我后》兮民盼救星！
文史画兮立意迢迢！
水墨画奔马兮气宇轩昂，
预言画《会师东京》兮正气昭昭，

欧洲画展兮国粹远播，
购中国画兮洋人识宝。
苏联画展兮中苏友好，
得双伟人面模兮真俏！

追求妇女解放兮有版，
演绎文君相如兮亦肖。
悲哉！日寇凌国贼入家，
国破家残兮变更惨遭。

鸿哉！反对拆南京城兮力尽，
保民国都城墙兮智高。
奇哉！否极泰来兮廖学道至，
建家建国兮筹建新朝。

伟哉！傅作义前义行大义，
共除兵燹兮古都安然。
勇哉！国歌选义勇军进行曲！
冒着敌人炮火前进！前进！进！

美哉！五星红旗国旗选定，
美学符合国众民心！
永哉！现代绘画之父功勋永载，
国家标杆兮功业丰韬。

教育体系兮跃进大步，
人才梯队兮英才济济。
纲举目张兮百废俱兴，
百花齐放兮满园皆春。

纯洁之爱兮成功伟业，
鸿文伟举兮国史流芳。
二岸人民兮有目皆识，
艺术中华兮绘父共昭！

诗曰：

中华觉醒历三朝，
步履艰难徐徐高。
婚变奇缘三曲折，
静文学道道行彪。

三赋注解

1、棠珍辞注解：
①：即苏东坡
②：祖蒋萼字醉园
光绪二年中举
③：徐悲鸿娶时改名
④：指父蒋梅笙、母戴清波
⑤：朱了洲与康有为
⑥：傅公—傅增湘教育总长
⑦：徐悲鸿星洲《除夕忆内诗》
彩叠盈高阁，橡浸万卷书。
梦中惊祚异，凄绝客身孤。
不解憎还爱，忘形七载来。
知卿方入夜，对影低徘徊。
⑧：寄陶冷月信。
⑨：法指法西斯。

2、学道赋
①：星洲《除夕忆内诗》
②：蒋回泸曾此病
③：法指法西斯

傅绍贤创作三赋：
棠珍辞2015年10月4日完稿
学道赋2015年10月8日完稿
鸿文颂2015年10月28日完稿

附录一

·链接《徐悲鸿研究补正》之桥·

《徐悲鸿研究补正》首发座谈会

时　间：　2015年4月11日9时—11时

地　点：温州大学美术设计学院4001会议室

主办单位：中国美术学院出版社
安徽省诗书画研究会
温州市美术家协会
龙港人民政府
苍南县文化局
承办单位：龙港文学艺术界联合会
苍南县美术工作者协会

一、起念　　1. 写给曹增节社长的信

尊敬的曹增节社长:

我曾经在中国美术学院出版社出版《傅绍贤诗书画集》，今又出版《徐悲鸿研究补正》。温州市图书馆欢迎本地作者捐赠图书，我们是正版图书，当然是备受推崇。我已交两本书样给温州大学审查，决定3月28日在温州大学举办捐赠给市、县图书馆二部正版著作仪式。温州市美协、苍南县文化局是主办单位。龙港文联、苍南县美协是承办单位。我希望中国美术学院出版社为主办单位，这也是过去曾与林群老师的口头协议，今仍由他交上此函。

没有文化的民族是悲哀的民族，重视文化的民族是永远向上的民族。中华民族之所以能立于世界民族之林，是因为我们是文明古国，我们有灿烂的民族文化。我金乡卫是抗倭历史文化名城，我能拿出两部充满乡土气息的著作，当然希望有隆重而简单的仪式的。市图书馆就缺少抗倭名城的当地文化图书，而且是经认真核对后的史实资料：华兖斧鉞只争一字，义理精律竭尽腹笥。我一丝不苟，苦了林群老师。宋美龄的秘书烦了主人的十二改讲话稿，可是一经演说，宋美龄为中国人民赢得了美国人民的全力支持，中国抗战的胜利，有宋美龄秘书的仔细照主人意思改稿的功劳。

经十年磨一剑的《徐悲鸿研究补正》并不是我一人的成绩，而是整个浙江人的成绩(其中还包括安徽省党、政、军、艺术界的同仁支持和理解)。这当中有林群老师的辛苦和血汗，而且功劳当数第一。因既是出书最后一道工序，也就是画龙点睛之笔。点睛之笔何等重要!就像一般的菜交给好厨师也能

烧出好菜来，起码相得益彰！所以，我来中国美术学院出版社出版本著是对的！现在相当完美的书稿，只剩下我的监印了。如果印得好，我相信两部著作是不辱没中国美术学院出版社的声誉的。不敢侈求人来主持在温州大学举办的捐赠仪式，只求批复作为主办单位之首。

谨请批复，由林群老师回复意见。谢谢！

傅绍贤于3月18日晨7时30分

2015年4月11日傅绍贤温州大学捐赠二部著作首发座谈会会场一楼与学生合影

2.《中国美术学院出版社》主办函

中国美术学院出版社

浙江省苍南县文化广电新闻出版局:

傅绍贤先生才情四溢且勤勉力学，画笔之下多有美品佳作悦人心目，吟诗唱和亦能抒情言志，近年来，潜心著文立论常令人开智受教。前有《傅绍贤诗书画集》出版，今又喜见《徐悲鸿研究补正》付之梨枣，皆由我社出版发行，感谢傅先生对我社信任。

傅先生素来情系桑梓，热心文化公益。此情愫在其文词著述中多有表述且用情至深。近日闻傅先生欲向家乡文教单位捐赠其在我社出版的两部著作，恰逢《徐悲鸿研究补正》一书印行，故举办“《徐悲鸿研究补正》首发座谈会及傅绍贤两著作图书捐赠仪式”以昭世人。我社是傅先生两著作图书出版发行单位，愿担当主办单位之一，为傅先生的好书宣扬。

中国美术学院出版社

2015年4月

3. 缘识傅绍贤先生

与傅绍贤先生相识缘于担任了《徐悲鸿研究补证》一书的编辑。初识印象中的傅先生是一位说话只拣紧要的说，来去匆匆忙碌的人。

当我收到书稿进行初审时，原名为《徐悲鸿研究》的书稿内容较繁杂，跳跃性较大，和书名给我的印象有些差距。在其中关键性的两篇有关徐悲鸿的研究文章之外，书中揉进了许多初看起来与主题关联性并不紧密的内容。诸如“联想岳飞英灵寄托处”“ 联想岳飞‘精忠报国’”“家乡背景”“附四：倭患记载”等等，我总觉得在稀释“徐悲鸿研究”这一似乎需要单纯叙述的主题，于是与傅先生相约，一起商讨是否变更书名以求与内容相符之事。

几天后，傅先生回复我，书名改为《徐悲鸿研究补正》，我顿感新书名妙极了，“补正”二字加得让人有联想。补正，指增补、订正。语出何承天（南朝•宋）《上元嘉历表》：“若谬有可采，庶或补正阙谬，以备万分。”书中关于徐悲鸿研究的两篇论文，一为徐悲鸿的生卒年考，傅先生研究后给加了一岁；另一文是关于徐悲鸿代表作《会师东京》画题的正名，这正是“补正阙谬”，其美术史上的重要性自不必多言；而另一方面，通过几天的阅读，我逐渐看出了傅先生著述的用意，所有的资料都指向一个“抵御外侮，复兴民族”的主题，面对当下缺乏民族自觉者、崇洋媚外者，这本书也许正是这些人在精气神上的一帖补正良方。

在之后的书稿排版、校对等阶段，我对傅先生有了更多的了解，傅先生年轻时从事出版业，排版、装帧、校对之事颇为熟悉，但凡从事编辑工作的人，多少都有版式、文字审美上的“洁癖”。对完美的追求近乎苛刻，傅先生也不例外，纤毫必究，文字上一字一句地斟酌修改，版式上不断地调整，故历经数月亦未能付梓。其“癖”与“痴”有时会让我“愤怒到崩溃”。回想起来，也许正是这“癖”与“痴”才使得傅绍贤是傅绍贤，使得其作品硕硕，情深才高。明代文学家张岱有一句名言：“人无癖，不可与交，以其无深情也，人无疵不可与交，以其无真气也。”我想，张岱所说的“癖”，包含了这种追求高尚与完美精神洁癖。为本书作序的同行前辈孟庆江先生在《序言》最后写道：“作为一个画家，其本身的艺术造诣固然重要，更重要的还要有一种时代精神、民族气节及对国家和人民的历史责任、时代责任感。‘德’必重于‘艺’，这才是我写此小文的初衷！”我在同感之余，越发觉得傅先生的“癖”与“痴”如此的真诚可爱，毫无矫情之处。

林　群　二〇一五年四月九日 于寸心斋

龙港文联王军宣读林群文章

4．温州大学活动地点批函

关于徐悲鸿研究补正首发座谈会的报告

温州大学美术设计学院：

龙港美协傅绍贤是中国书画函授大学教授、龙港书画学院专职教师。已经中国美术学院出版社出版《傅绍贤诗书画集》、《徐悲鸿研究补正》二部著作，这二部著作都是在龙港完成的学术成果。温州市图书馆欢迎本地区作者捐赠图书，苍南县文化局出资支持“傅绍贤捐赠二部著作，徐悲鸿研究补正首发座谈会”在温州市举行。意向贵院作为仪式活动地点，较宜向温州市各市、县及温州大学各学院所有图书馆捐赠图书活动之举行。

傅绍贤已将二部著作交与副院长蔡可群教授审阅，特向贵院请求提供活动场所，准许场地布置。首发与座谈会时间拟定为2015年4月11日，早上10时首发式，下午2时座谈会。

请求批准为感！

同意场点2B1001会议室作为活动场地

2015.3.31

龙港美协

2015年3月30日

5．安徽省诗书画研究会公函

安徽省诗书画研究会

浙江省苍南县文广新局：

我会是1978年3月由时任中共安徽省委副书记的书法大家张恺帆和时任省委常委、省委宣传部部长的国画大师赖少其与徐子鹤、孔小瑜、萧龙士等大师联合发起成立的，迄今已有37年历史了，团结和培养了全国各地一大批书画艺术家和书画艺术人才。贵县书画家傅绍贤先生是2010年参加我会的，现为我会理事，并被我会推荐为安徽当代书画院特聘书画家。2013年6月1日至5日，我会牵头邀请安徽省美协、安徽省书协、安徽省书画院四家联合主办，邀请安徽省人民政府参事室、安徽省文史研究馆、安徽大学艺术学院、安徽省傅圣文化研究院四家联合协办，并由安徽当代书画院承办"诗书画魂中华情——傅绍贤作品展"在合肥久留米友好美术馆举办，取得了极大成功。作为一个从社会基层走出来的乡土书画家，他对艺术锲而不舍的坚持精神是值得推崇的！他的艺术成也是应该得到肯定的！

欣闻傅绍贤先生所著《徐悲鸿研究补正》出版并举办首发式暨座谈会，我会愿意担任主办单位之一，并派本会副秘书长、书画评论家、资深记者甘一鸣先生专程前往祝贺。希今后加强交流与合作，共同为繁荣新时期文化艺术做出积极的贡献！

安徽省诗书画研究会

二〇一五年四月一日

二、首发　　1. 市文联谢子康讲话

各位来宾、文艺界的朋友们：

大家早上好！

满眼不甚三月喜，举头已觉千山绿。在这美好的日子里，我们在此隆重举行傅绍贤先生书籍首发、捐赠的仪式，我感到格外的高兴。在此，我谨代表温州市文联对到场的各位来宾和文艺界的朋友们致以最亲切的问候和崇高的敬意！

近年来，我们温州文联积极贯彻市委市政府发展文艺的目标，努力鼓动我市文艺工作者以发展先进文化为动力，牢牢把握时代脉搏，紧跟温州经济社会的发展步伐，以饱满的热情、奉献的精神、创新的意识和艺术激情，投入到文艺创作生产中，逐步推进温州文艺事业的发展，取得了显著的成绩。今天，由龙港美协傅绍贤先生为我们带来的《徐悲鸿研究补正》和《傅绍贤诗书画集》两部著作证明了这一点。他用自己的执著追求和潜心的创作，出版了这两部书籍，我感到非常高兴。书是人类宝贵的精神财富，是人类进步的阶梯。读书使人明智，读书使人聪慧，读书使人明理，读书使人善辩。今天所捐出的不仅仅是一本本价值几十元的书本，更是一份无私、诚挚的爱心。

我热切期望，捐赠图书将在越来越多的人的手中传递，传递着文明，传递着爱心，传递着信任。

在这次首发、捐赠仪式上，我感谢傅绍贤先生对文艺工作的热爱和执着。让我们携起手来，以书为伴，以文会友，共同营造美好的明天！

最后，预祝首发、捐赠仪式圆满成功！

祝：大家身体健康，阖家幸福！

温州市文联谢子康于4月11日

谢子康代表温州市文联到会致词

、2．龙港宣传委员朱文胜讲话

各位领导、各位嘉宾、文艺界的朋友们：

大家早上好！

春风春雨花经眼，江南江北水拍天。在这春暖花开的美好日子里，我们在温州大学美术与设计学院隆重举行美协傅绍贤先生《徐悲鸿研究补正》首发座谈会。首先我代表龙港镇委、龙港镇人民政府向各位领导、专家、教授的莅临表示热烈的欢迎！向在座的文艺界朋友们致以最亲切的问候！本次活动是由中国美术学院出版社、安徽省诗书画研究会，温州市美术家协会、苍南县文化广电新闻出版局、龙港镇人民政府主办，龙港文学艺术界联合会、苍南县美术工作者协会承办。并得到各级领导的重视和关怀，在此表示感谢！

傅绍贤先生怀着爱国爱乡的赤子之情，在继承与弘扬中华民族精神的艺术创作道路中，历经数十年的潜心研究，终于经中国美术学院出版了《傅绍贤诗书画集》和《徐悲鸿研究补正》两部著作。现在两部著作捐赠给温州市图书馆、温州大学图书馆、瑞安市图书馆、平阳县图书馆、苍南县图书馆、龙港镇图书馆，以充实本地作者馆藏。

让我们请今天出席座谈会的温州市文联党组委员、副主席谢子康先生讲话。大家鼓掌欢迎！（详见113页）

我们衷心感谢谢主席的光临和充满热情鼓励的祝贺！市文联的鼓励必定促进作者的创作热情，我市文艺工作者必将牢牢把握时代脉搏，在市文联的支持和带领下创作出更多更好的作品来。

下面请作者傅绍贤讲话。(详见117页)

2007年10月15日在龙港泰安大酒店举办《傅绍贤诗书画集》首发式至今近八年，第一届首发式暨学术研讨会至今集五部分成书，又经中国美术学院出版《徐悲鸿研究补正》值得龙港文联庆贺。我们龙港是第二次举办首发仪式，但今是来温州大学美术与设计学院进行首发，向前进了一小步，多了一本书，有意思！

下面请苍南县图书馆馆长王成槩代表各图书馆讲话。(详见122页)

感谢王馆长热情洋溢的讲话。我们现在确实需要用书籍来充实自己。王馆长说有人调查，中国每个人一年看一本书，而韩国每人每年看七本书。我们温州号称“东南邹鲁”，要重新形成读书风气。本地作者著书，乡土气息浓厚。傅绍贤的二部著作有深厚的苍南抗倭文化底蕴。他是因金乡卫城狮山的特别环境而获得解读徐悲鸿先生代表作《会师东京》启示的灵气，从内心里认识徐悲鸿先生的创作立意。在全世界纪念抗战胜利七十周年之际，推出中国抗战文化的代表作《会师东京》解读著作，是有特别意义的，值得本地区图书馆收藏。

现在请到会的市县图书馆代表上主席台接受傅绍贤先生捐赠的两部著作。

今天的仪式虽短，但意义却深长。热情的缘聚和友情，让我们相逢在一起，同时感谢所有的来宾和朋友们，来参加这个首发捐书仪式。朋友们，带上此刻这份愉悦的心情，带上我们真情的祝福，结束今天的捐赠首发式。再次感谢文联谢主席的光临！

朱文胜 于4月11日

3．作者讲话

尊敬的领导、美协同仁、温州大学的师生们：

你们好！

在我的《徐悲鸿研究补正》的首发式上，有必要与你们一起站在历史的高度上来共读中国抗战文化、世界反法西斯美术作品《会师东京》。

这张画是徐悲鸿先生的代表作。他写信给他贵友黄孟圭信中说过一句自我打分的真心话：数年来薄有所作，主要者为《会师东京》。

徐悲鸿先生从1928年暑假应邀到福州创作《蔡公时被难图》到1946年3月18日这么长的时间里，就只有在1946年的3月5日才收到黄孟圭的信，两年前还以为黄孟圭不在人世了。

久别重获音讯时所告最大喜讯，徐悲鸿认为“主要者”还是告之成功创作了主要的作品《会师东京》。我们可以想见徐悲鸿先生当时对这张画的自我欣赏态度，可以想象其得意洋洋，极其高兴之情形，要是没有这种程度是不可能说“数年来薄有所作，主要者为《会师东京》”。而比其晚五十五年出生的美术评论者称这张画是一张划时代的画。

五十五年是一代人以上的时间，许多事情是尘埃落定了，可以下结论了。徐悲鸿先生比任伯年晚生了五十五年，徐悲鸿先生是任伯年的伯乐。在清末声势壮阔，至民国犹余波未尽的海派绘画中，任伯年是一位起关键作用而又常遭文人画家非议的大家。但从绘画题材和绘画表现手法而言，则显然远远超过吴昌硕辈，因而任伯年赢得了徐悲鸿先生的极度推崇，并对现代浙派新人物画产生了极大影响。中国有句话叫做“盖棺定论”，五十五年的时间，是给了徐悲鸿先生说话的时间，加上他父辈徐达章先生与任伯年同代有过交往，而他自己与其子女有过交往，从见识上与机遇上，徐悲鸿先生得出准确的结论是不奇怪的。

任伯年出生于1840年。即道光二十年，这年四月，英国侵略者在其他西方资本主义列强的支持下，向古老封建的中国发动了一次侵略战争。由于这次战争是英国强行向中国倾销鸦片引起的，所以历史上叫“鸦片战争”。鸦片战争以后，中国开始由独立的封建国家逐步沦落为半殖民地半封建的国家。中华民族开始了一百多年屈辱、苦难、探索、斗争的历程。中国社会主要矛盾发生变化，原来是地主阶级与农民阶级，现在是帝国主义和中华民族。一百多年屈辱、苦难、探索、斗争的历程中，中国的画家们也用手中画笔做武器进行了艰苦的战斗，用画笔描绘心灵，产生心灵上表述的作品。徐悲鸿先生就是在这样环境里产生的民族大画家。

徐悲鸿先生出生于1895年，他出生的前一年发生了中日“甲午战争”。在中国近代的反侵略战争中，中日甲午战争可以说是规模最大，失败最惨，影响最深，后果最重，教训最多的一次战争。

正因为如此，重新学习、研究这段历史，也具现实意义。甲午战争是日本发动的并吞朝鲜，侵略中国的战争。由于发生年为1894年，即清光绪二十年，干支为甲午，中国史称“甲午战”。

1894年7月25日，日舰袭击中国船舰，甲午战争爆发。1894年8月1日，中日两国宣战，甲午战争全面爆发。甲午战争历时9个月，分为陆战和海战两个战场，日军攻下朝鲜的平壤，在黄海海战中大败北洋水师，之后又攻下中国的旅顺、威海，并于1894年11月22日在旅顺进行大规模屠杀，血洗全城。战后双方签订《马关条约》，规定中方向日方割地赔款，中国清政府因此背负沉重外债，国力日趋衰退，沦为半殖民地半封建国家。

徐悲鸿先生出生在这样的大背景之下，和所有的觉醒的中国人民一样去争取民族的解放和自由。孙中山先生领导的辛亥革命推翻了封建社会，新民主主义革命是中国人民向前进了一大步的社会。社会发生了巨大变化，陈旧的封建意识受到外来新思想的冲击。徐悲鸿先生接受了乃父的传统汉学，有良好的文史功底和绘画童子功，天生的爱好就是原生的动力。徐悲鸿先生是一个思想家，凡事独有见解，独持偏见只不过是谦词而已。

既是接受国家官费去外国留学，思报国家恩情就贯穿了其一生。爱国是其一生行为，“国家为大”贯穿了其一生。“贫贱不能移，富贵不能淫，威武不能屈”的民族传统精神贯穿其一生 行为之中。他在国破家残高压情况下创作的二战预言画《会师东京》,足以代表一个国家、一个民族、一个时代的精神状况，是徐悲鸿先生人格的浓缩，艺术创作的顶峰，中国抗战文化的代表作，也是二战全世界人民的心声！也是全世界反法西斯的不朽艺术作品。

温州本土画家，抗倭名城出生的我比徐悲鸿先生晚五十五年出生。1950年5月8日我出生前七个月，中华人民共和国诞生，中国人民从此站起来了。我与全中国人民一样沐浴在阳光中，历经五届中共领导人的苦心经营，中华人民共和国进入富强时代。“盛世修谱”是一个太平年代需要总结和探索的概括语。就家族姓氏谱来说，需要订正家族历史上的历史事实，补充新的人事，载入家庭和家族史册。就国家来说，需要审视历史，损益增删文史史册，总结经验教训,载入国家史册。人类若不善于总结，不华兖斧鉞人事就走不好以后的路子。所以重文史，就是重鉴重大的事情，凡有意义的事情，国家需要人民积极去发现，去挖掘，以便写好历史书。受苏渊雷、陈则之两位老师的影响，我一直重视历史的研究，重视文史学习。一碰上徐悲鸿先生诞生一百一十周年征稿活动，就得到发挥的机会。

当中国受到外来侵略的时候，中国人民是一致团结对抗外侮侵辱的。中华民族到了最危险的时候，每个人都被迫着发出最后的吼声。爱国画家徐悲鸿先生为了“略抒积愤，未免言之过早”地创作了《会师东京》这张预言画。而时代选择了预言画《会师东京》，不到三年的时间，《东京审判》就兑现了全世界正义之师《会师东京》之事实。

中国抗战胜利的纪念日是1945年9月3日。

全世界的反法西斯胜利后的1946年1月19日，远东盟军最高司令部根据1945年12月16—26日的莫斯科会议规定，发表了特别通告，设置了远东国际军事法庭，由十一个国家组成的远东军事法庭，十一个国家又各派一名检察官，共同组成委员会。澳大利亚法官W. F.任庭长，美国律师J.基南任检察长。中国委派法学家梅汝璈为法官。从1946年4月29日提出起诉书，经过两年零七个月的审判，至1948年11月开庭818次，判决所有被告战犯有罪，七名甲级战犯于1948年12月22日在日本东京巢鸭监狱处以绞刑，日本成为世界上不得有军队的国家。

东京审判是人类正义的抒发，是中国人民抵抗外侮的胜利，是全世界人民反法西斯的胜利。人类对策划、准备、发动或进行侵略战争者列为甲级战犯，是对国际战争法概念的重大发展，国际法从此确定了下来。远东国际军事法庭的东京审判与纽伦堡审判是二战后世界上两大政治事件，是为国际法的确定与实施奠定基础的过程。

今天我们在温州大学举办共读中国抗战文化，世界反法西斯的中国画代表作《会师东京》，是与全国人民一样兴高采烈的，因为今年是纪念抗战胜利七十周年。我们已经胜利，全世界已经有了制止战争的国际法。《会师东京》是伟大的胜利实现的日子，徐悲鸿先生预言画值得我们研 究探讨。我们生活在充满阳光的富强时代，我们要做什么，才最有意义？

我个人想就是运用读万卷书、行万里路的经历去审视历史，总结历史，用我的绘画童子功去评论美术作品。我出生在抗倭历史名城金乡卫城里，热爱狮子卫山，喜爱动物画，有着不折不挠、不卑不亢的民族遗风，故而从应征伊始一步步走进研究学者行列。本身的功夫，加上机遇，加上条件的改善，家乡亲朋、师友的支持是我成功的原因。今天，我将散发油墨香气的《徐悲鸿研究补正》发给到会的同仁们，是一同庆祝我们生活在走向繁荣富强的习近平时代，我们要用国际法来维护我们的幸福。因此这本书对中国和世界的文史研究显得非常重要，对中国美术史上的重大事件，重要人物的研究也是非常重要。我并非好高骛远，而是在不经意中碰上美术报上公开征求徐悲鸿先生诞生110周年征稿活动，公开应征并且对号入座而已。既从心灵上相通、到技法上爱好和比较接近，直到民族秉性一致，才一步步与同仁共同探讨，历经五步才成此书。就其中三点需要得同仁们公认：

一、徐悲鸿据书中考证是应该59岁。而以往的国家教科书与影视作品都是宣布为58岁。建议应以事实为准！

二、就2013年国家《名画珍邮》上还没有将徐悲鸿先生最具代表性的作品《会师东京》作为其主要作品来介绍，是还将其当做动物画《群狮》来看待，建议应以作者立意为准！

三、《义勇军进行曲》既是中华人民共和国国歌，《会师东京》就当是二战最具代表性的美术作品，对吗？

今天我们在温州大学举办首发式，有显示我们温州人不只重经商，亦重学术之意。我们解开了 两岸人民景仰的徐悲鸿先生代表作《会师东京》内里深涵，抹去一层层灰尘，进入大师心胸臆腑是有益的。徐悲鸿先生值得尊重和尊敬！

傅绍贤 于2015年4月11日

4. 苍南图书馆馆长讲话

各位领导、各位来宾、各市县图书馆代表：

上午好！承主持人厚爱，叫我代表接受捐赠单位讲几句话，我就不推辞了！

图书是人类最宝贵的财富，是人类智慧的结晶。图书是传承人类历史、文化、知识的工具，是传递经验、爱心、善意的载体，是表达思想的容器。图书馆是人类智慧的宝库，我苍南县图书馆是新盖的，与文化馆、文物馆联建立在一起。只因我们苍南是新建县，所以建筑硬件发展叫人看上去有势头。但外面的硬件容易建设，里面的库藏却是更重要的硬件，里面的硬件是需要有质量的书籍来充实的。温州市图书馆有欢迎本地区作者的著作捐赠之意向，我们县级图书馆更希望本地作者捐赠书籍来充实馆藏。

诗人、画家傅绍贤先生是我苍南县美协副主席，金乡镇人。他热爱金乡，热爱苍南。他用手中画笔、心中的灵感、通过毛笔流出了心田诗歌。他第一本个人画集是通过中国美术学院出版社出版，在龙港首发。画集的前三页画的是金乡图标、地标、人标。为什么说狮子是金乡的图标呢？因为金乡是抗倭名城，醒狮象征民族是觉醒的雄狮，在昂首大吼，声震寰宇。为什么说龙门是地标呢？因为金乡小学的石龙门是激励金乡人去奋斗拼搏的建筑标志。“百年名校，环依狮麓；无数俊英，串越鲤门。” 这副楹联就写出了金乡小学人才辈出的百年历史。为什么说奔马旁边的诗对配上马就是人标呢？因对联是说“诗逢盛世文旌展，岁傲残年雅步飞”就是人标，就是郑重地叙说一位诗人老而不息地追求上进，是敬佩这位老而弥坚的老先生而创作的画！

他的书法作品满溢金乡卫城诗意。《瀛洲狮屿七绝》、《庆祝金乡建城六百周年七律》、《母校金小》七绝、《金中学子》七绝、《金乡狮山迎旭亭楹联》、《金乡中学五十年校庆贺联》、《 高歌和谐春联》、《化剑春联》无不切时、切题。

他擅长动物画，处女作《未来人间》画的就是人和动物和谐相处的美好景象，白话文诗《世界和平年的献礼》也配得和谐。他也创作宣传画，四张宣传画也都有创意，都有形式上的新颖。他也写论文，两篇论文都有一定的质量。《创设衡书五则》是制定书法衡量作品高下的尺子，是为已盖棺的书法家下的评比定论之条规、准则。另外有解读徐悲鸿的获奖论文入编，这是开启了他个人研究徐悲鸿的先河之文。所以他第一本个人画集《傅绍贤诗书画集》是我苍南县在上海参加世博会时馈赠国内外来宾的礼品，已被社会认可。

傅绍贤的第二本书竟然全部以论文集问世，还是通过中国美术学院出版社出版。不过今天首发的《徐悲鸿研究补正》还是以金乡老家的历史文化为内涵。书的第三部分是介绍自身经历，实质是介绍造成他能解开徐悲鸿内心深处的民族精神、民族本质的原因：他的皮肉里始终流着的是抗倭名城的血液，骨子里支撑的是不折不挠的民族精神。他以这些本质来解读悲鸿先生，从内心来认识中国绘画之父，所以他成功了。

傅绍贤的两部著作充盈着乡土气息，可以说有苍南风味，是苍南县拿得出去的书籍。两部著作可谓图文并茂，精神内涵深邃，是有思想品位的书。共花了十年的时间才出来一本书，不容易啊！

有人调查，韩国人平均每年读七本书，中国人平均每年约读一本书。

我们中国人书读少了，更需要有好书来读。中国需要好书！温州需要好书！我们图书馆能得到本地作者的书捐赠是好事，我今天是很高兴的：因为作者就是我们苍南人。我们不怕人笑话我们自己说自己好，书既然出版了，评价是让天下人来评的：白纸黑字，凡人有目共睹。欢迎指导与批评！我既是作者的同乡，言语中有点沾沾自喜也是可以理解的。谢谢大家！

王成槼于温州大学首发座谈会上

5．与图书馆代表合影

瑞安市平阳县苍南县龙港图书馆馆长与代表领书

6．温州市图书馆收藏证书

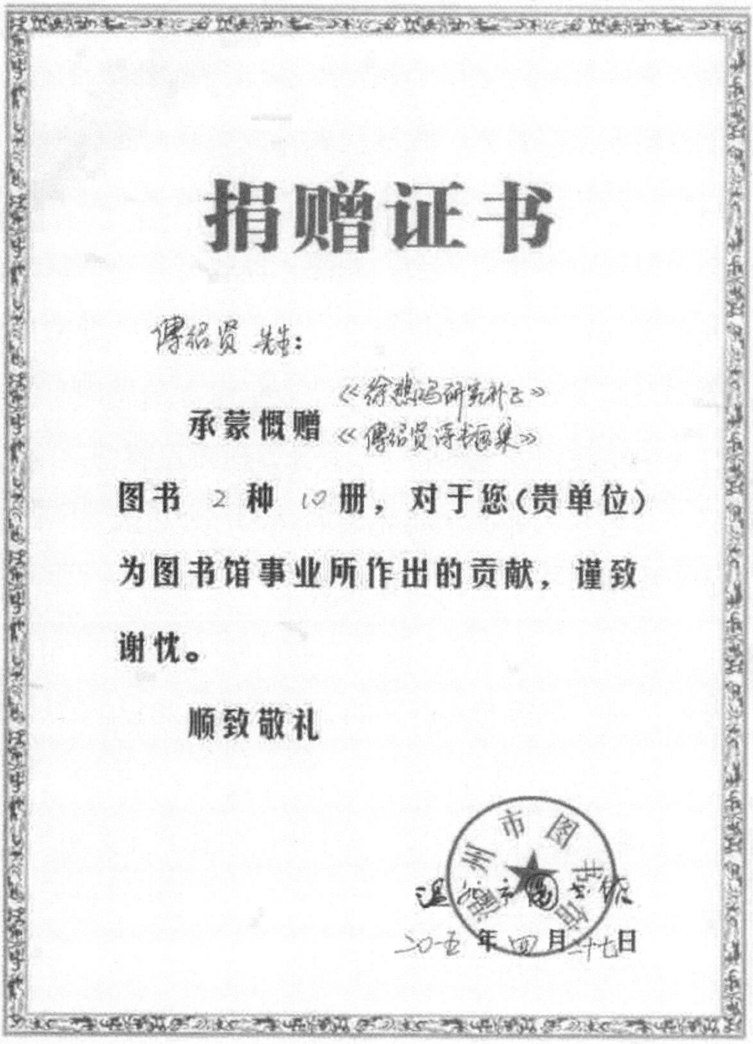

捐赠证书

傅绍贤 先生：

承蒙慨赠 《徐悲鸿研究补正》《傅绍贤诗书画集》

图书 2 种 10 册，对于您（贵单位）为图书馆事业所作出的贡献，谨致谢忱。

顺致敬礼

温州市图书馆

二〇一五 年 四 月 二十七 日

三、座谈会　　1. 主持人王杯讲话

各位领导、各位嘉宾、文艺界的朋友们:

大家早上好!

今天我们在温州大学美术与设计学院隆重举行傅绍贤先生十年一剑《徐悲鸿研究补正》座谈会。首先，我谨代表龙港文联向各位领导、专家、朋友们的莅临、指导表示热烈的欢迎！本次活动由中国美术学院出版社、安徽省诗书画研究会、温州市美术家协会、龙港人民政府、苍南县文化广电新闻出版局主办，龙港文联、苍南县美协承办，并得到各级领导的重视及关怀，也得到社会各界和书画爱好者的支持，在此表示深深的感谢!

傅绍贤先生是我们龙港的诗人、画家，他敦厚睿智、吃苦耐劳。多年来，他一直潜心研究艺术大师徐悲鸿先生书画，并赴全国各地举办徐悲鸿研讨会、展览。他的辛勤劳动终于结出了硕果。

2007年10月15日，龙港镇政府、文联举办《傅绍贤诗书画集》首发暨学术研讨会，开始了第一届徐悲鸿研究的公开论证。2013年2月19日，苍南县宣传部在县图书馆举办第二届研讨会，5月在北京《今日中国》杂志发表论文《以史明鉴促 进中国文艺发展》一文。6月2—5日在合肥久留米美术馆举办“诗书画魂中国情”画展，10月23—27日在老家“狮山中学”举办汇报展。现在是将五步历程编辑成一部《徐悲鸿研究补正》。

我们龙港镇府、文联再次作“傅绍贤捐赠两部著作《徐悲鸿研究补正》首发座谈会”主办和承办单位，很有意义。市文联谢子康副主席代表市文

联到会祝贺，市文联重视本次活动。

下面开始今天的座谈会，首先宣读《中国美术学院出版社》编辑林群的文章。这本来素不相识的编辑，通过《徐悲鸿研究补正》的成书过程，认识了苍南画家傅绍贤，从而成为事业上的相知，相信他们将为弘扬我们浙江的文化更好地进行合作！

有请《平阳县志》主编林顺道先生发言，大家欢迎！

林顺道先生的发言高屋建瓴，眼光独到，让我们深受启发。他是研究平阳历史上名画家黄公望的专家学者。林顺道先生由作品命名产生联想，很有新意，也足见一幅画名命名之重要。

下面有请广州画院一级画师赵瑞椿教授讲话。大家欢迎！赵教授怀着深切的学子感情、缅怀徐悲鸿大师夫妇的恩情，发自心灵肺腑真叫人感动！感谢赵教授的深沉、浑厚、凝重而又充满激情的讲话！今天的会场空气因赵老师的讲话变得那么新鲜！

大家欢迎诗人林艺先生发言！

好厉害的诗人，即席拿出两首诗。一首评论了《傅绍贤诗书画集》，一首评论《徐悲鸿研究补正》。谢谢！

下面请我们平阳籍理论名家、林树中教授入室弟子刘志讲话。她也是一位出名的画家。去年在市文化宫举办“游于艺”画展，她还是北京梅墨生教授的入室弟子。傅老师在她展会上即席题诗：“心扉浅绛山水显，气韵淡浓笔墨间。取得树中林下钵，南楼有月照楠溪。”就是对她作品的肯定。今天她提出了“执著”二个字，这词是认真、坚定的态度动词，是很正确的评议。这跟孙光奇老师的“咬定青山不放松”的贺词意思是一致的。都是鼓励傅老师再钻研下去的意见，谢谢精彩的讲话！

下面请安徽省诗书画研究会副秘书长甘一鸣先生发言，大家欢迎……

安徽甘一鸣老先生水平高，吐字清晰、腔圆字正，评论准确，真让我们温州人大开眼界。谢谢！

在去年10月15日，习近平总书记在文艺座谈会上指出：一个没有文艺、没有思想、没有文化的民族是可悲的。在全球化时代，好的文艺作品，既要有时代特色，更要有传统底蕴。几位专家的发言和文章，让我们受益匪浅。下面请大家踊跃发言、自由畅谈。

各位领导、各位专家、来宾朋友们，今天早上的《徐悲鸿研究补正》座谈会圆满结束，愿傅绍贤先生再接再励,创作出更好更优秀的作品，祝大家身体健康、万事如意！

谢谢大家！

王杯于温州大学首发式会上

中国书协会员、龙港文联主席王杯主持座谈会

2．林顺道文章

1942年，中国的抗日战争进入了最艰难的岁月，国画大师徐悲鸿先生抱着“正义必胜，邪恶必败”的坚定信念，创作了《会师东京》初稿。据王震编著《徐悲鸿年谱》记载，初稿是1942年9月24日因陈孝威文而兴图。陈孝威，福建闽侯人，早年毕业于保定军校，与顾祝同等人同一届。20年代中期，投身大革命，历任李宗仁第七军支队司令、副参谋长。在北伐战争中，陈孝威率部配合杨虎城部西北国民军攻下开封，击溃直奉军阀部队。他常以少胜多，显出过人的军事谋略才能。后因得罪了蒋介石，被革除军职。“七七”事变后，抗战全面爆发。避居中国香港，但仍关心战局，心牵国事，为抗日而奔走呼吁。香港沦陷后，辗转来到广西桂林，继续撰写抗战文章，结合实际研究军事战略，并从事抗日宣传活动。1942年4月24日，陈孝威在桂林国民会堂讲演中表示：在两三年内，日本必败，盟军会师东京已指日可待。这是因为美英中等国的抗日同盟阵线已经形成，而日军在中国战场上消耗军力过多，补给线太长……陈孝威旁征博引，态度乐观，大为振奋人心，全场掌声雷动。正是在陈孝威这一著名论断的感召下，这年9月底，徐悲鸿为陈孝威文兴图，创作了《会师东京》初稿。

1943年，绘成《会师东京》。题曰：

会师东京——壬午之秋，绘成初稿。翌年五月，写成兹幅；易以母狮及诸雏居图之右，略抒积愤，虽未免言之过早，且憙其终须实现也！三二年，端阳前后，悲鸿。

1943年绘就的《会师东京》成图，与初稿略有区别。纸本设色，尺寸为1113cm×217cm，是徐悲鸿一生中画过的尺幅最大的以狮子为题材的画，画面中有五只怒目圆睁的成年狮子和两头温顺可爱的小狮子。画面上风起云涌，狮群威武，气势磅礴凝重。《会师东京》是一幅取谐音之意充满寓意的作品。怒吼的群狮会师于日本富士山山巅，寓意抗战必胜，以振奋民族精神。

对于徐悲鸿《会师东京》这幅代表作，也曾有过误读，这就是画名问题。画作取名，常有所据为立意或题材两种方法。如上所述，“会师东京”是徐悲鸿先生自己从立意角度取名。但也曾根据题材，被人取名为“狮群”，这就大大减弱了画作的真实意义。傅绍贤先生坚定地站在爱国立场上，执著地为《会师东京》正名，精神可嘉，成果可贺。正如原人民美术出版社副总编孟庆江先生在《徐悲鸿研究补正》序言中所赞许的：画家傅绍贤先生，出生在抗倭历史名城浙江金乡卫城，他以史为鉴，用坚定的爱国之心，深入研究，广采博纳，引经据典，反复佐证。道出了中华民族抗御外敌，决胜千里鸿鹄之志的画作《会师东京》之名与内涵……

笔者对徐悲鸿先生画作知之甚少，但近年在研究黄公望著作中也悟出了画名研究是十分重要的道理。黄公望那幅被誉为中国古代十大传世名作之一的《富春山居图》长卷其实并非作者自己命名。据现在所知，同一题材者的画作至少有两卷，后人根据黄公望题款自识内容，分别称为《山居图》（1338年完成）和《富春图》（1347年开笔）。清乾隆十年（1745）、十一年（1746），《山居图》和《富春图》（焚后所剩长段）相继进宫，两相比较，发现两卷实为一图，便都称为《富春山居图》。《山居图》因有作者题赠子明君的款识，又被称为“子明卷”；《富春图》因有作者题赠无用师的款识，焚后长段则称“无用师卷”。于是开始了长达两百多年孰真孰赝的争论。因有画名《富春山居图》之故，所以不少论者想当然地认为实景地就在富春江，并视子明卷为假，无用师卷为真。但也遭到一些学者，特别是港台学者的怀疑，因为富春江实景和《富春山居图》对不上号。近年北京航空航天大学张洪教授多次南下温州，长驻瑞安，运用测绘专业知识，和瑞安、平阳、苍南研究者一起，经过谨慎比对，发现该图包含有飞云江江口至瑞安高楼段元素，起首那段明显有万全平原周边山水元素，且以子明卷更接近实景，称其为假没有根据。笔者从中悟出欣赏画作也有个名正言顺的哲理。名不正，则言不顺。傅绍贤先生研究的意义正在这里。

傅绍贤先生与笔者是苍南江南平原那块土地上的同乡，最近他正集中精力，专题研究明代抗倭名城金乡卫城历史，特写此小文以作掘井及泉之共勉。

林顺道于4月11日

《平阳县志》主编林顺道宣读文章《会师东京的爱国情怀》

3．赵瑞椿讲话:

各位领导、同仁们：

我并不认识傅绍贤，他打来电话，又发短信，而我是徐悲鸿的再传弟子，我有责任来会场讲几句话。

徐悲鸿先生1953年9月26去世，我1954年进中央美术学院。因此，教我的老师都是徐悲鸿的学生，还有都是经徐悲鸿精选过来的人才。我是徐悲鸿先生的再传弟子。那时候的中央术学美院老师们主张现实主义，注意基本功的训练。因此，我们一生受益。我们学生课外还常到徐悲鸿先生家去，廖静文先生那时才三十多岁，总是热情接待同学们的到来。她拿出徐悲鸿先生的收藏和作品给我们看阅、学习，使我们感到是在自己家里一样。他们夫妇的光辉人品印烙在我们的心灵里。我们都像是他们的孩子,成长为又一代的美术人才。

徐悲鸿先生是中国伟大的画家，他的油画、素描是世界上高水平作品。他的中国画更是吸取了西洋画的光学，中西结合，创造性地发展了中国画。他的中国画是中国人民的骄傲。

他所提倡的现实主义路线是有生命力的，徐悲鸿先生影响了一代又一代中国美术界人。中央美术学院，中国美术学院都是主张现实主义路线的院校。1949年以来全中国基本上都是执行这条路线的。他个人的影响对中国、对世界都是很大的。傅绍贤的研究我支持，希望他继续研究下去。我今年八十岁了，因迟了一年才进中央美术学院，固然没得到徐悲鸿先生亲授，但我已很幸福了。那时候，徐悲鸿先生创造的教育模式已形成，氛围是与他生前是一样的美好！

赵瑞椿　　2015年4月11日

4．刘志讲话

我今天在这里参加傅老师捐赠两部著作《徐悲鸿研究补正》座谈会，感到获益匪浅。听了傅老师的介绍，赵教授的发言，真使我们年轻人感到老一代老师、教授们都有那种精神气质：都是那么沉着、坚定。认准了方向，百折不回头。

荀子在《劝学》中说："锲而舍之，朽木不折；锲而不舍，金石可镂。"古今成大事者，大抵都具有这份执著。现年65岁的苍南画家傅绍贤老师用十年工夫，潜心研究徐悲鸿的一幅名画，经历了几次研讨会，几处画展，虚心听取群众、专家、教授们意见，最后集五步过程成书一部，实在不容易！

现代人一般浮躁、急功近利的居多，而做学问必须耐得住性子。执著对于执著者而言，是一种生活姿态，一种珍爱生命的姿态，一种与世俗对抗的姿态，一种对生命每一瞬间注入激情的姿态。"执著"二字易说难做。因为几乎每个人身上都有惰性的因子，都有一种与执著相反方向的力的牵制，有财富、地位、名望等现实利益的制约，有事与愿违的打击，使得人们容易放弃执著或者中途而废。尤其是在一个充满喧嚣的社会，执著者像藏羚羊一般日益减少。可是，我们的时代又越来越需要执著者。无论是伟大的事业，还是平凡的工作岗位上，甚至于日复一日的生活琐事中拥有了执著，平凡的小草可以谱写出无边的春色，无名的小河可以汇入汪洋大海。执著者的心房总是洒满黄金般的阳光，执著者的眼里永远充满了希望。

抗战国难期间，艺术大师徐悲鸿先生执著地怀着对"正义必胜，邪恶必败"的坚定信念到新加坡、印度为抗战卖画捐款，支持前方将士打日本鬼子。他一直用手中的画笔，画出民族精神，画出民族气节，狮子和奔马都是徐悲鸿先生执著的“抗战必胜，邪恶必败”的坚定信念载体。象征民族精神的狮子就画出了徐悲鸿的坚定、执著、无所畏惧、一往无前的精神状况。在国破家残的境况里画出最代表他自身水平、心灵境况的艺术作品《会师东京》，被人误作《群狮》实在是可惜。《会师东京》在当时是一种信念，是一种追求，也是一种鼓舞。最终的《东京审判》是全中国、全世界人民坚定、执著的“抗战必胜，邪恶必败”斗争结果，也是必然结果！

傅老师解读徐悲鸿先生二战预言画《会师东京》，结合自己于2012年根据徐悲鸿大师《会师东京》题意而创作的作品《舒万众信念 约会师东京》慷慨陈词，他说：“徐悲鸿先生的《会师东京》是二战预言画，是借物咏志，是一部浪漫主义作品，画上之狮是谐音正义之师，是全中国、全世界正义之师要在发动侵华战争的日寇首都——东京会师，将日本帝国主义践踏在脚下，而有这个信心，则是看到在抗战处于最艰难之中，完全是充满人类‘正义必胜，邪恶必败’的信念而发出的预言。”

傅绍贤老师以史明鉴，用坚定的爱国之心，深入研究，广采博纳，引经据典，反复佐证。道出了中华民族抗御外敌、决胜千里鸿鹄之志的画作《会师东京》之名与内涵，就是傅绍贤先生的研究成果，而且已得到徐悲鸿家人的首肯。傅先生的学术研究与态度值得我们敬佩，尤其是对于历史问题探索的执著精神深深地影响了我们年轻人。

谢谢主持人厚爱，让我有机会跟大家分享自己此时的心理感受！

刘志 于温州大学座谈会上

5. 林艺即席诗

王成槃馆长讲话，林艺即席赋诗两首

国家一级画师赵瑞椿教授会上深切怀念徐悲鸿夫妇
的爱国情怀、高尚品格。支持傅绍贤研究工作。

青年画家、平阳籍全国美术理论家林树中教授入室弟刘志会上发言。

6. 甘一鸣讲话

尊敬的各位领导、各位嘉宾、各位同仁：

大家上午好！

正是春和景明、花团锦簇的美好季节，我受安徽省诗书画研究会的委托，来到美丽的温州大学，和诸位专家、学者以及书画艺术界的朋友们相聚，参加今天由中国美术学院出版社、安徽省诗书画研究会、温州市美术家协会、龙港镇政府、苍南县文化广电新闻出版局主办，龙港文化艺术界联合会承办的傅绍贤《徐悲鸿研究补正》首发暨捐赠活动座谈会，再次和老朋友书画艺术家傅绍贤先生一聚，欣喜之情，难以言表，同时也为有缘与在位的专家、学者 、艺术家相识，深感荣幸！

我与傅绍贤先生结识才一年半。2013年6月2日，傅先生在合肥久留米友好美术馆举办“诗书画魂中华情”个人画展，展厅里展出的傅先生的书画作品，赢得前来观看的观众啧啧称赞，尤其得到了安徽省内著名书画家朱秀坤、余国松、曹保森等一致好评。可以这么说，傅先生在合肥的个展中的每一行诗句字字珠玑，激荡我们的情怀！每一幅画面浓墨重彩，润泽我们的心田！每一张书法遒劲雄伟，砥砺我们的意志！观众纷纷在留言簿上写下心声，齐口夸赞这位来自抗倭历史名城金乡的诗书画界名人，给合肥的观众带来一份精美的文化大餐。画展中令人难忘的是傅先生解读徐悲鸿先生二战宣传画《会师东京》，结合自己于2012年根据徐悲鸿大师《会师东京》题意而创作的作品《舒万众信念，约会东京》，记得当时他在画展中向观众阐述这幅画创作过程时，情绪激动，慷慨陈词，他大声说：“徐悲鸿先生的《会师东京》是二战预言画，是借物咏志，是一部浪漫主义作品，画上之狮是谐音正义之师，是全中国、全世界正义之师，要在发动侵华战争的日寇首都——东京会师，要将日本帝国主义践踏在脚下！”傅先生在解读悲鸿大师的《会师东京》时油然波及钓鱼岛，俨然一个铁血男儿的形象，不愧是一个有血性的有正义感的具有强烈爱国主义思想的画家。

而正是出于对徐悲鸿大师的敬慕，傅先生在相当长的一段时间内专心研究徐悲鸿大师的生平。自2005年应征参加徐悲鸿纪念馆发起的“纪念徐悲鸿先生诞生110周年系列征稿活动”，而进入研究学者行列，至今已认真研究了十年，真可谓“十年磨一剑”，苦心经营，呕心沥血，可见一斑！

其一，傅先生对悲鸿大师的生平年龄进行了考评，通过查阅大量资料，反复校核，从电视剧《徐悲鸿》到刘绍唐先生主编的《民国人物小传——徐悲鸿》，以及廖静文所著《徐悲鸿一生》、徐悲鸿纪念馆的《徐悲鸿年表》等有关徐悲鸿大师生平简历方面的影像资料和文字资料，能看到的借到的买来的统统都收集起来，细细考察，细细比照，细细地核对，最终得出结论，徐悲鸿享年五十九岁。要知道，总结归纳为五十九岁，看起来是一个数字上问题，其实，这里面除包括傅先生对徐悲鸿大师的崇仰还体现出傅先生治学严谨，一丝不苟，孜孜矻矻，精益求精的学习态度，哪怕一个极小的细节，他也穷追不放，直到寻个水落石出，一清二楚为止，这种治学精神可嘉，值得我们学习，尤其令人佩服的是，傅先生竟大声疾呼中国美术协会，相关出版物、影视作品对此应及时加以纠正，以示对徐悲鸿先生的尊敬，也是对实事求是态度的尊重。

其二，傅先生对徐悲鸿先生的《会师东京》的考证，为此费尽心机，不辞辛劳，可谓殚精竭虑，穷追不舍其“咬定青松不放松”的钻研态度，令当今画家甚至是专门研究工作者也感叹不已！他大海捞针似地寻到原载新加坡《黄曼士纪念文集》，仔细阅读并认真思考后认定，这封信是他研究主题的一重要论据。因为傅先生论证的是《会师东京》是徐悲鸿一生艺术创作的最高峰，是徐悲鸿自己确认为得意的主要作品，信中说："数年来薄有所作，主要者为《会师东京》。因陈孝威之文而兴图，作数狮集于富士山顶"。由此，傅先生断然指出，《会师东京》不是一张简单的动物画，是二战预言画，是徐悲鸿先生一生艺术创作的顶峰，比画马更上一层楼。

温州市女画家协会副会长、县美协副会长、中学高级教师朱成碧在一次研讨会上深有感触地说："我一生教美术，记得小学书本上有徐悲鸿三幅画，一张《奔马》，一张《劲风》，一张《群狮》，经傅老师的解读，我才知道这张《群狮》画的真正意义。《会师东京》叫人产生豪情，对敌人产生愤恨，对学生教育意义远远大于《群狮》！"

值得一提的是傅先生所写的论文《解读徐悲鸿先生二战预言画"会师东京"》获徐悲鸿纪念馆论文二等奖，同时由《会师东京》有感而发创作的国画《信念》也入选获奖。上海师范大学中国画专修学院院长郑梅立先生对傅绍贤的文章给予很高评价："没有高度思想的中国画难成传世精品，没有高度思想的评论者，岂能识得其真谛？善哉！昔有徐悲鸿先生之《会师东京》，今有傅绍贤先生的《解读会师东京》。"我认为，傅先生是一个有思想深度的艺术家，一个有历史责任感有强烈民族精神的画家，他对大师心存敬畏，对中华民族又饱含深情大爱。从傅先生的艺术创作和艺术理论研究，我想到，引领时代风气是作家艺术家肩负的历史使命。我们可以想象：没有屈原悲怆呐喊的《离骚》《天问》，我们就只能欣赏宋玉的《登徒子好色赋》；没有苏轼，就不可能在北宋词坛一洗绮罗香泽之态，摆脱"绸缪宛转之度"，开创"大江东去，浪淘尽，千古风流人物"的豪放词风，也就没有后来的辛弃疾、陆游、陈亮。文艺史上的每一个高峰，都是走在前沿的文坛巨子引领创造的。书画艺术界也是如此，每一个有历史责任感的书画艺术家，都应该以国画大师徐悲鸿为标杆，握紧手中画笔，饱含民族精神，以具有仁爱之心的智者眼光发现自然之美，生活之美和心灵之美，牢记我们的创作导向，牢记为人民、为社会服务的神圣职责，坚持正确的文化立场，把正确的价值取向和崇高的艺术追求统一起来，让我们美术作品传递真善美，传递向上向善的价值观，引导人们增强道德判断力和道德荣誉感，向往和追求讲道德、尊道德、守道德的生活，激励民众树立民族自信心。

我们正处在一个巨大变革的时代。文学艺术是社会生活在艺术家头脑中的反映，差别只是作者对历史把握的深度和广度：肤浅的作品，只记录了浮光掠影，而深刻的作品则写出时代精神，甚至发出呐喊。如徐悲鸿的历史性巨制《会师东京》，至今读来也有惊世骇俗、振聋发聩之感，这才是划时代的象征性作品，它的政治影响力和冲击力已远远超过了这幅画本身洋溢出的艺术感染力！我想，今天的现实就是明天的历史，五十年、一百年之后的子孙将从我们留下的作品中认识今天，我们应该给他们留点什么？如果只是名车豪宅、珠光宝气、靡靡之音，那是我们的耻辱。我们看到的应该是坚韧挺立的民族脊梁，听到的应该是黄钟大吕的时代强音！这是时代的需要，也是我们中华民族的呼喊！

我认为傅绍贤先生完全可以是一个画艺高超，思维敏捷，追求艺术完美的中国国画家。然而，他却又是一个苦心钻研，潜心研究中国绘画之父徐悲鸿先生的研究者，两者兼得，且又多有成果，成绩斐然，那可就是一件令人惊羡的事。据我所知，当今画坛中像傅绍贤先生这样艺术创作和文化研究两条轨道并行不悖的双栖类艺术家不多见，实属凤毛麟角！从某个角度来讲，这是傅先生家乡人的骄傲，是温州书画艺术界的骄傲！

他这种耗尽心血、苦苦寻觅，像伟大的数学家阿基米德为了求证一个数据苦苦追寻了多少年那样的坚韧不拔的精神，真正体现出一个热爱祖国、富有正义感和民族精神的真正的艺术家的博大情怀。读傅先生的论证文章，每读一次都有浑身热血沸腾的壮怀激烈冲动，字字句句扣人心弦，催人奋进！

看似为徐悲鸿的年龄考证做了一个小的改动，但就这么一改，还原了历史真面貌，非同小可，点化成了当代中国美术史上激越高亢的一种声音，为更多的徐悲鸿人物传记研究者提供了精准的考证，傅先生这一改动也必将载入史册，彪炳千古。

今天举办的《徐悲鸿研究补正》首发暨《中国国画家傅绍贤诗书画集》捐赠仪式活动无疑给我们启示：我们曾经遭遇至今仍在感受着“事业”要被“产业”取代，“战线”已变成为“市场”，文艺创作已变成买卖。对市场的曲意逢迎使文艺失去锋芒，失去品格，沦为拜金时代的侍婢，“娱乐至死”风尚的玩物。我们要把握我们手中的书画作品以优美的精神食粮启迪思想，滋润心灵，陶冶人生。真正的优秀作品，如同今天傅先生捐赠的作品集中的《未来人间》，无论是立意、构图还是人物造型，动物形态，以笔墨着色，整幅作品充溢着吉祥、温馨、和睦、安泰的气氛，那简直是天下人共同的梦，而这个伟大而瑰丽的梦的关键就被傅先生抓住了，由此构筑出这幅人间美景。这是作者传承古人优秀的艺术传统，结合当代现实生活，体现社会主义时代的道德观念，创造出形式上美丽新颖、思想情调健康向上，能激励我们热爱生命，歌颂和平的优秀作品，符合习近平主席在文艺工作座谈会上的讲话精神，是一幅无愧于时代、无愧于人民、民族和广大群众期待的优秀中国画作品，这就是傅绍贤先生思想境界高尚，品德和道德情操高尚，一个有见识有胆魄的真正艺术家的壮烈情怀，值得我们学习！

我再次感谢主办单位给了我一个良机，让我再次走进文化底蕴深厚的温州，走近艺术创作与艺术家研究共存的当代著名书画家傅绍贤先生，走近在座的良师益友，我带着求知求学的欲望而来，一定会满载丰收成果与你们大家结成深厚的友情和眷念而去。

谢谢！

安徽省诗书画研究会副秘书长

《安徽工人日报》记者 甘一鸣 撰文

7. 孙光奇的贺词

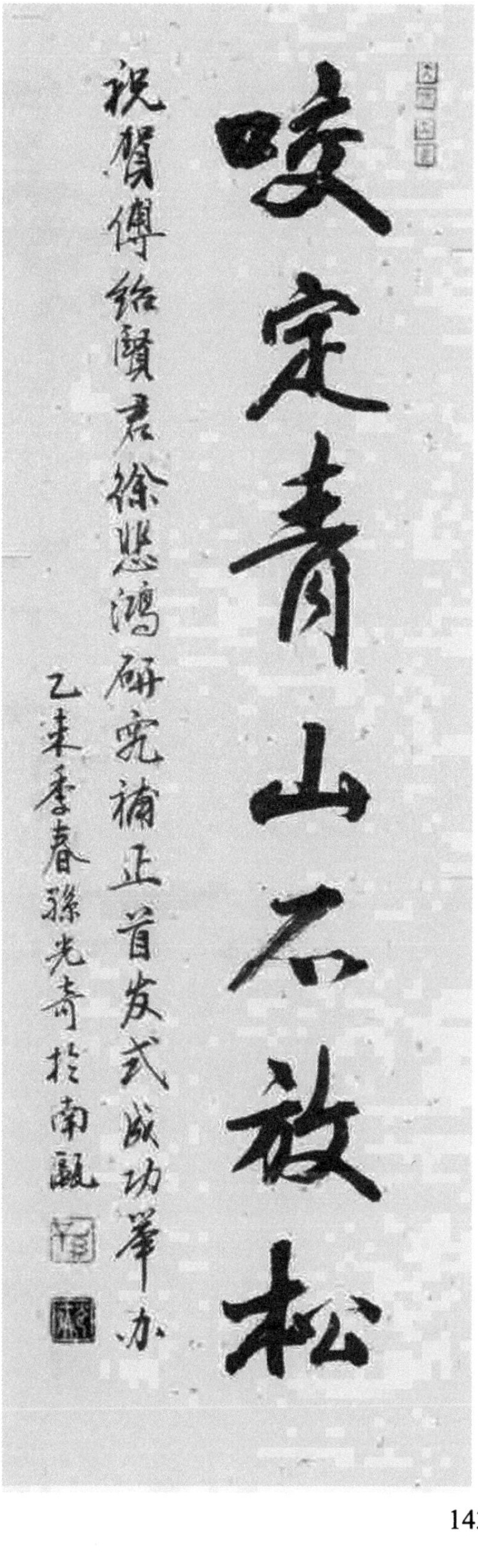

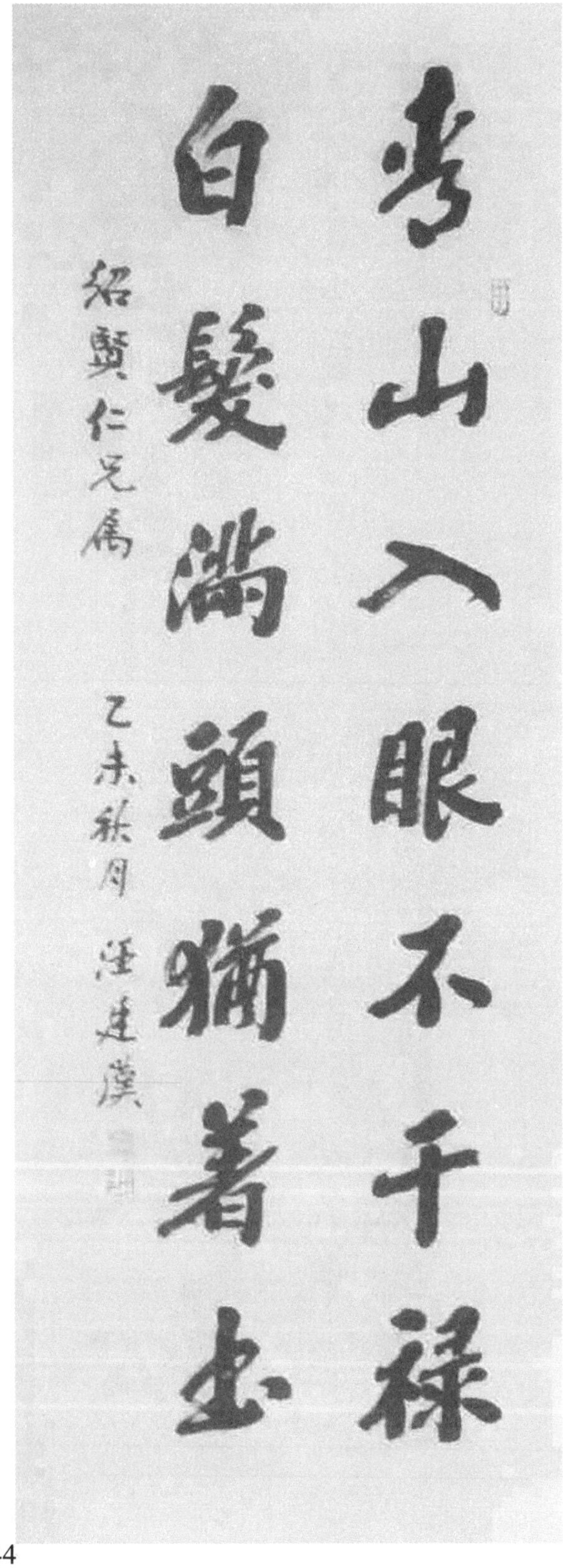

8．汪庭汉贺词

9. 曹宝森会后贺词

四、主题曲

五律

已雪恨东京

1=D $\frac{2}{4}$

傅绍贤 诗
陈萃洋 和
顾刚玉 曲

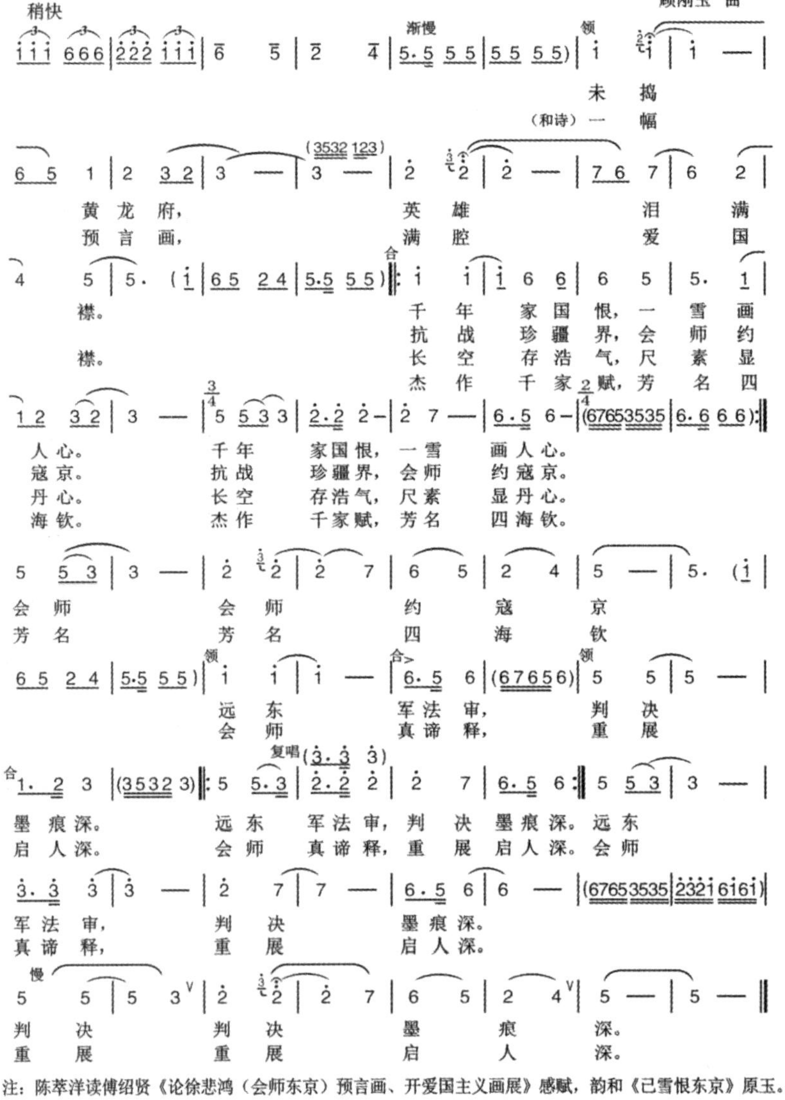

注：陈萃洋读傅绍贤《论徐悲鸿（会师东京）预言画、开爱国主义画展》感赋，韵和《已雪恨东京》原玉。
为抗日胜利七十周年而谱

2015年春节

五、报纸报道

China art weekly 2015年4月18日

美術报

艺闻 5

《徐悲鸿研究补正》首发座谈会

太行风骨·善美晋城

山西书画作品提名邀请展采风写生启动

18日《美术报》5版 艺闻报道 徐悲鸿研究补正首发座谈会

2015年4月15日 星期三

温州日报 13

4月15日《温州日报》文化周刊13版

安徽工人日报

ANHUI GONG REN RIBAO

通报·消息

十年专研一画名

傅绍贤《徐悲鸿研究补正》首发

安徽工人日报报道

画家捐赠受点赞

附录二

·廖静文逝世·

CHINA ART WEEKLY

美術報

美术报官方微信 "meishubao"
美术传媒拍卖官方微信

中国美术学院 浙江日报报业集团 主办
国内统一刊号：CN33—0071 邮发代号：31—10
国外发行代号：4773D 网址：http://msb.zjol.com.cn
总第1126期
2015年6月20日 农历乙未五月初五
本期72版

先生走好……

她，走了！

一位世纪老人，物理的生命陨落，却给后人点燃了一盏高风亮节的提灯。

她，走了！

满怀情谊两个世纪的[illegible]悲鸿再度耳鬓厮磨。

她，走了！

廖静文——她以她自身的作为，将名字永远镌刻在新中国美术传承与教育的里程碑上。她与徐悲鸿的爱情谱写传为佳话；她用毕生的精力为国家、为民族守护徐悲鸿的遗产，并把他价值连城的画作、藏品与个人房产都捐给了国家；她还默默地资助着80多个贫困儿童上学读书；她更为中国美术健康发展再现大师云集的时代不懈努力。

廖静文，她的生活处处都烙上了徐悲鸿的印迹，但是并没有将自己束缚于"小爱"之中，她把"小爱"转化成"民族文化的大爱"。16日凌晨5点03分，这位伟大的女性在北京逝世，享年92岁。廖老生前曾担任徐悲鸿纪念馆馆长、徐悲鸿画院名誉院长、中国书画家联谊会主席、"北京荣宝画院"名誉院长、上海海事大学徐悲鸿艺术学院名誉院长。

中国人民大学徐悲鸿艺术研究院院长、徐悲鸿之子徐庆平对外表示："廖静文先生一生为国家，特别是为国家的艺术事业做出了巨大贡献，对子女、对晚辈也尽到了一个母亲、一个长辈的职责，我们很感激她，很感念她为国家、为家做的一切。"此外，据廖静文的家人透露，老人走得很安详，没有留下遗言。作为陪伴徐悲鸿走到最后的人，她也许已了无遗憾。

封面摄影 本报记者 [illegible]

（详见第3-5版）

一、参加香港纪念抗战胜利七十周年全球华人书画大赛

2015年是中国人民抗日战争胜利七十周年及世界反法西斯战争胜利七十周年。七十年前，民族危亡时刻，无数中华儿女同仇敌忾，共赴国难，经过艰苦卓绝的抗争，赢得了伟大的胜利。沧桑巨变，中国人民续写富国强民，民族复兴的中国梦。为铭记历史，勿忘国耻，珍爱和平，振兴中华，在香港政府的支持下，香港各界文化促进联合会中国公共关系协会，徐悲鸿艺术委员会、中国（香港）艺术品交易所，特举办纪念抗日战争胜利七十周年全球华人书画大赛活动，获奖作品参加由中国香港政府主办的纪念抗战胜利七十周年专题展览活动。获奖作品展览、颁奖典礼在香港中央图书馆展览馆举行。

当邮局送来的1123期《美术报》，在11版广告页上看到由中国香港各界文化促进联合会等举办“香港纪念抗日战争胜利七十周全球华人书画大赛征稿启事”后，我精心制作了国画《舒万众信念　约会师东京》和《已雪恨东京》五律书法参赛作品去应征。并寄去了全套《徐悲鸿研究资料》。所谓的全套《徐悲鸿研究资料》包括第一届龙港《傅绍贤诗书画集》首发式暨第一届研讨会会刊一本，中国美术学院出版的《傅绍贤诗书画集》一本，北京《今日中国》杂志一本。有自印的安徽《诗书魂中国情》报道的宣传报纸一张，我在温州大学4月11日首发座谈会上首发的，经中国美术学院出版的《徐悲鸿研究补正》专著一本。还有我请老乡顾刚玉谱曲、陈萃洋和诗的《已雪恨东京》五律歌谱稿。还有包括4月11日首发座谈会黑白会刊底稿在其中的《徐悲鸿研究补续》初稿。这“香港纪念抗日战争胜利七十周年书画大赛”是中国人在中

国香港举办的全球华人书画大赛，是有历史意义的书画大赛，我应全力支持。

我研究的徐悲鸿的抗战文化代表作《会师东京》不正与本次画赛的主题相关联吗？我研究的一套资料正是我个人研究抗日战争的抗战文化精品力作的思想资料，对组委会来说是一套有参考意义的资料！人类需要思想的记录资料进行思想交流。全球华人书画大赛首先需在华人之间进行思想交流。有华人杰出的艺术大师徐悲鸿先生全套资料，相对组委会来说是有起参考作用的。

所谓的书画大赛，应就是思想的交流，通过书画这个载体交流思想而已。各种形式的书画一致共庆抗战胜利七十周年这个主题。

人类历史的进程是人类正气张扬的进程。当邪恶的军国主义发动侵略战争时，体现中国人民思想的是中国人民的文化艺术作品。历史上积贫积弱的南宋，中国人民最大的憾恨是爱国名将岳飞偃城大捷后岳家军士气正高，军民同仇敌忾是完全可以直捣黄龙府获得最终抗金胜利的，最终因内奸秦桧私通金帮，设计陷害大忠臣岳飞父子一门，抗金爱国战争流产于内奸、内乱。《满江红》是南宋民族憾恨的窗口，可以窥视南宋的民族心灵之愤恨。

徐悲鸿的国画作品《会师东京》是民国时期人民心灵的缩影，虽然中华民族在不断地进步，已经从封建社会走出来，可是民国时期的国家还是落后、贫穷。民国时期，是中华民族争取解放的过程。但是一脉相承的不受外侮欺凌的民族精神一直都在，中国人民坚决抵抗外侮心志坚定，我们坚信正义必胜，邪恶必败！我们不但要在本国土上打败日本军国主义，我们还要在发动侵略的寇京审判军国主义有罪！

二战预言画《会师东京》表达了中国人民的坚定信念。事实正如预言画所预言，画成后的第三年中国人民的抗日战争就胜利了，全世界人民的反法西斯战争就胜利了。

全世界十一个国家的正义之师组成“国际远东军军事法庭”，在1946年的5月3日始至1948年11月12日，开庭817次，最后庭上判决宣判日本军国主义有罪，七名甲级战犯处以绞刑，日本国从此不得有军队，严厉地惩治了军国主义罪犯，人类正气大大提升。

傅绍贤本次参赛作品《舒万众信念　约会师东京》是歌咏徐悲鸿站在画成的《会师东京》作品前，欣赏心曲之成功。这是歌咏中华四亿同胞的坚定信念，相约在富士山顶会师，共同审判军国主义的信心之歌、之画。《会师东京》是满怀信心期待抗日战争胜利的艺术作品，可以窥视民国时期民族心灵之坚定：我们有正气之根！有必胜的信心！贫贱不能移、富贵不能淫，威武不能屈的民族精神世代相传，在民国时期照样坚持！

书法作品《已雪恨东京》五律是共和国诗人的冷静思维，是中国人民现在心灵的写照。“未捣黄龙府，英雄泪满岁襟”是岳飞时代的憾恨，“一雪画人心”是以徐悲鸿为代表的中国人民心愿。“抗战珍疆界”是中国人民寸土必争的坚决态度，“会师约寇京”是中国人民和全世界人民的心愿！《东京审判》和《纽伦堡审判》不正是中国人民和全世界人民的心愿的现实吗？现在我们是在纪念抗日战争胜利七十周年、全世界反法西斯战争胜利七十周年。我们已经胜利，人类因艰苦的抗日、反法西斯战争而树立了人类和平的法律，国际法律。我们有了惩罚发动罪恶战争侵略者的法律依据，人类已经朝着光明的方向前进。我们珍惜胜利，我们珍惜“东京审判”和“纽伦堡审判”的结果。其判决书的墨痕深远、深厚哪！东京审判和纽伦堡审判 的判决必将在维护人 类和平事业上起着不可估量的作用！愿我们华人都理解尚义、尚文、尚法的赤县神州正者之思想，不偏不倚地走在正路上，我们不欺侮人，也不允许人欺负，正者无敌！正义无敌啊！《已雪恨东京》五律是窥视共和国、走向富强 时代的民族心灵之窗口。我们热爱和平，我们要用法律、正义、正气来维护世界和平。

全球华人书画大赛的入选、获奖作品正是能展示中国人民心灵的窗口，我有幸参加在中国香港举办的庆祝抗日战争胜利全球华人书画大赛，就是一件喜事。届时必去香港实地参观，期望在那里找到本人研究课题的一些相关资料，特别是要找到陈孝威将军的东西。最理想的是徐悲鸿画给他的《会师东京图》照片！为此，我预祝本次画展征稿成功，举办成功！

傅绍贤撰文于2015年6月

hina art weekly 2015年5月30日

美術報 责任编辑:赵菊银 检 校:陈惠娴

广 告

11

电话:0571-85311832 E-mail:msb@zjnews.com.cn

香港纪念抗日战争胜利70周年
全球华人书画大赛征稿启事

主办单位：香港各界文化促进会、徐悲鸿艺术委员会、中国与海外书画艺术研究院、中国(香港)艺术品交易所

协办单位：中国公共关系协会、中华复兴网

承办单位：香港中华亮宝楼、深圳金一百艺术品

2015年是中国人民抗日战争胜利及世界反法西斯战争胜利70周年。70年前，民族危亡时刻，无数中华儿女同仇敌忾，共赴国难，经过艰苦卓绝的抗争，赢得了伟大胜利。沧桑巨变，中国人民续写富国强民、民族复兴的中国梦。为铭记历史，勿忘国耻，珍爱和平，振兴中华，在香港政府的支持下，香港各界文化促进会联合中国公共关系协会、徐悲鸿艺术委员会、中国(香港)艺术品交易所，特举办纪念抗日战争胜利70周年全球华人书画大赛活动，获奖作品将参加由香港政府主办的纪念抗战胜利70周年专题展览活动。

一、征稿对象

国内各大美术院校师生、海内外书画名家及书画爱好者(年满18岁以上)。

二、征稿类别及要求

国画类：山水、人物、花鸟等，技法无拘。

书法类：以毛笔书写，书体不限。

内容以纪念抗战胜利，赞美锦绣河山、弘扬中华文化、凝聚中国力量为主，积极向上，格调高雅。

投稿要求：1.所有作品以真迹作品邮寄，纸张以1-4尺宣纸为宜，不超过6尺，无需装裱。2.参赛作品请在右下角请用铅笔注明作品标题以及作者姓名，草书及篆书须另附释文。3.同时参与书法、国画参赛类别，每一类别仅限一幅作品。4.随稿附作者艺术简历一份(200字左右，附照片，并请注明通讯地址、联系电话、邮箱等)。

三、奖励及待遇

奖项设置：

金奖：3名，奖金各10000港币，金奖获得者将获邀来港参加颁奖典礼及展览(含来港交通、食宿)，两年内免费在港举办个人书画展或资助参与国际艺术交流项目。

银奖：5名，奖金各5000港币，两年内免费为获奖者在港举办书画群展。

铜奖：10名，奖金各2000港币，免费参与中国(香港)艺术品交易所组织的拍卖活动。

入围奖：若干，奖金港币各200港币

其他待遇：

(1)入围作品均颁发入围证书及参展画册一本。

(2)获奖作品将获得由组委会联合签署的证书及奖金或奖品。

(3)为所有获奖者免费提供长期的网络作品展实及店面销售渠道。

(4)所有入围作者将成为中国(香港)艺术品交易所签约书画家，其作品可由交易所收购、展览、销售。

奖金领取：本次赛事稿酬及奖金以港币支付，获奖者需提供外币账户，否则组委会将按照香港当日汇率，兑换为相应的人民币予以汇兑支付。

四、征稿组织奖项

欢迎各省市自治区、港澳台、海外地区相关艺术组织统一组稿，组委会视组稿数量及获奖情况，确定组织奖。获得组织奖的单位，除颁发证书外，将邀请代表来港参加颁奖典礼(往返交通费自理，在港食宿由组委会安排)。

五、作品评选

1.本次大赛及展览不收参赛费、评审费及参展费。

2.初审：来稿作品一经收到，10个工作日内，由组委会专家进行初审，确定是否入围。初审意见将通知作者，凡入围者，组委会即付入围稿酬，未入围作品，将予以退稿。

3.评奖：组委会将遵循"公正、公平、艺术面前人人平等"的原则，邀请权威书画鉴定名家及资深美术评论家、中国书协、中国美协专家成员，共同对所有投稿作品进行评选。评选结果将通过新闻媒体及官网(网址：www.zhlbl.com)网络媒体等向社会公布。

六、作品展览、颁奖典礼

1.地点：香港中央图书馆展览馆

2.时间：2015年8月24日-8月31日

七、截稿日期

2015年7月20日(以作者当地邮戳为准)

八、来稿地址

【中国大陆】：

广东省深圳市福田区红荔路2002号园岭大厦6楼

收件电话：0755-82035814

18902319797

收件人：钟娟

E-mail：2850966219@qq.com

【香港地区】：

香港湾仔轩尼诗道342号建华大厦三楼

收件电话：+852 3483 8058

收件人：余敏玲

E-mail：zhonghualbl@hotmail.com

所有参赛作品须妥善包装并挂号邮寄，以免邮寄途中破损遗失。

官方QQ在线：2850966219

官方微信：gold100art

官方网站：

www.zhlbl.com

www.中华复兴网.com

《美术报》关于香港全球华人书画大赛报道

附：徐悲鸿预言抗战胜利，三年真实现

“纪念抗日战争胜利70周年全球华人书画大赛” 自征稿以来，收到了来自社会各界投递来的千余幅作品，参赛者以书画为载体，从不同的历史文化角度表达对抗战历史的深切缅怀。近日，筹委会收到一幅有关徐悲鸿抗战文化代表作《会师东京》二度创作作品《舒万众信念，约会师东京》。作品是在徐悲鸿名作《会师东京》的基础上进行的再创作。作者将徐悲鸿的《会师东京》原版创作植入其中，塑造了徐悲鸿左手握拳，右手提笔，意志坚定地站在《会师东京》画前的形象。

这幅国画来自抗倭历史名城金乡卫城的诗人画家傅绍贤之手，他曾创作过大量彰显民族正气的诗书画作品。在得知本次书画大赛活动信息后，创制国画《舒万众信念　约会师东京》和书法作品《已雪恨东京》，亲自送到筹委会。除了参赛作品外，傅绍贤还带来了五律《已雪恨东京》谱曲，希望能作为庆祝七十周年大赛的主题歌曲在香港纪念抗战胜利70周年书画大赛大型展览上播放。

傅绍贤说：“人类走向文明，定发动战争的法西斯有罪，东京审判和纽伦堡审判就是定罪的条文。《会师东京》是徐悲鸿先生提早用中国画的形式来定法西斯有罪。《舒万众信念　约会师东京》则是我本人对徐悲鸿先生略抒积愤的描述。”这幅画本是他原著《徐悲鸿研究补正》一书封面主视图。

傅绍贤于2005公开应征论文、国画双双获奖而加入徐悲鸿研究学者行列。他通过引经据典，旁征博引，追根溯源，在史实和理论上取得了重大突破，著有《徐悲鸿研究补正》，赢得了中国人民大学徐悲鸿艺术学院院长徐庆平和徐悲鸿夫人廖静文一家及专家们的肯定。傅绍贤表示："文艺宣传是中华凝聚力量之源，当年徐悲鸿在抗日战争期间，预感到正义的抗战必定胜利而创作了国画作品《会师东京》。这件作品足以代表一个国家、一个民族、一个时代的精神状况。这是徐悲鸿先生在抗日战争最艰难岁月里创作的中国画，是高压下的心灵杰作：是徐悲鸿人格的浓缩，艺术创作的顶峰，中国抗战文化的代表作，也是二战中全世界人民的心声！也是全世界反法西斯的不朽作品。作者通过参加本次书画大赛活动，希望能与全球华人一起解读徐悲鸿代表作《会师东京》，回顾历史，展望未来。

《会师东京》是徐悲鸿先生1942年秋创作的一张国画，画面上，漫天狼烟滚滚，七只狮子四面八方汇聚在日本的东京富士山顶上。正顶上一只雄赳赳的雄狮正将富士山火山践踏在脚下；左面一只雄狮并排昂立吼叫，右面一只雄狮正作惊天大吼，山后一只雄狮正快马加鞭赶来。右面是徐悲鸿先生翌年5月将图右雄师们换成一母狮带领两只幼狮会奔富士山顶与早在那里的雄狮们会聚庆贺胜利。

"雄狮"谐音"雄师"，"七"为世界上公认完全之数。象征全世界上七大洲的正义之雄师，在四面八方因获得反法西斯的正义战争的胜利而会集在发动非正义战争的法西斯轴心国的日本首都——富士山顶上会师。

徐悲鸿在完成《会师东京》创作的三年后，远东国际军事法庭在日本东京对第二次世界大战中日本首要战犯进行国际审判，《会师东京》的预言在世界反法西斯历史上得以实现。《东京审判》是人类朝文明、法制方向进步的重大历史事件。是人类正气张伸的平台。今天我们欢呼《已雪恨东京》！徐悲鸿预言抗战胜利，三年真的实现！

"香港纪念抗日战争胜利七十周年全球华人书画大赛"组委会于7月

二、缅怀廖静文先生

当我画好《舒万众信念　约会师东京》一画和写好参赛书法作品《已雪恨东京》五律时，深圳“香港纪念抗日战争胜利七十周年”组委会钟娟同志打来电话，告之徐悲鸿先生爱妻廖静文先生昨晚逝世了，所以我对组委会要求提供陈孝威将军后人手上的五马《会师东京图》照片有困难了。事实上，深圳组委会不知道廖静文先生在此事上是无能为力的：她本人就是活着，对我的要求也无法满足的。因为她压根儿不知道《会师东京》竟还有同题两件同名作品！第一张是五马会师富士山下，在陈孝威后人手上。另一张是她馆中七狮会聚富士山顶被当做《群狮》命名的七狮《会师东京》国画。而且徐悲鸿长子徐伯阳就将二张同名不同题材的《会师东京》混为一谈。我论文质疑徐伯阳五狮《会师东京图》说论的就是这件事。所以，有关失误主要源于家人对情况不知情。这称灯下黑：是由诸多原因引起的。而我需要的或许只有中国香港市内的组委会才有办法，只有香港市内的组委会余珍敏同志才有可能向陈孝威将军后人要到，或者找到照片发给我。中国大陆信息的有关错误，比如年龄少算了一岁，《会师东京》当动物画《群狮》命名都是因徐悲鸿直系家属直接失误引起的。而我的研究思路清晰，条理清楚，证据确凿，结论确切。没有证据的结论谁都需要谨慎下的。我是有充分的证据才说事，是非常客观地说事。就是我始终以徐悲鸿本人所说的为准，另加旁证。

我曾经一直在日思夜想：为什么廖静文对七狮《会师东京》之国画会错误命名？再三研究后，我终于明白徐悲鸿为什么称之为廖静文爱妻：一个19岁的少女爱上一个大自己28岁的男人有多难！作为已有两个子女，已有名存实亡夫妻关系明摆着的男人，爱情处境是何等艰难？没有纯粹的爱情何来幸福的结局？何来今天的北京徐悲鸿纪念馆？何来徐庆平、徐芳芳兄妹？ 何来徐氏家庭的四世同堂？此中艰辛、甘、甜、苦、辣是廖静文一口口亲尝过来的。她的经历成就了中国妇女标杆之树立，对丈夫关爱至极，而不是在徐悲鸿介绍和研究上就没有失误。德、爱与其学术的灯下黑之失误是两码事。

在徐悲鸿的研究上，只有独特的心灵启示，才能较好地接近徐悲鸿先生本人的思想境界。我虽然与徐悲鸿远无关系，但却通过自身的苦功和心灵启示来认识他的思想境界。这和任何文艺研究者一样，可以通过作品认识作者的思想境界，认清作者创作立意。廖静文独在这张《会师东京》国画上没有深入，是留下了缺陷,但空缺却让我来补上了。

我个人认为廖静文从报名中国美术学院图书管理员的应试到徐悲鸿病倒住院之间，是有着一段时间的痛苦徘徊过程的。眼看着一个终日忙于教书育人，凡事认真负责的徐院长生活无人照料，心中恻隐、爱惜。一想到蒋碧微因妒恨生出来的种种为难和现实困难,似乎只有赶紧离开。也因个人追求学习需要，思想上只有离开徐悲鸿先生才是。动摇是完全可以理解和体谅的，因为人本是软弱的，谁没有活的思想，我想正是这些原因，所以对《会师东京》国画才没能深入了解和理解。而因有廖静文的纯粹爱情，却使徐悲鸿先生将原画七只雄狮的画面，修改成易以母狮与诸雏居其右的阴阳虚实皆完美调和之画面。单纯的少女与成熟的画家之结合促成了传世名作《会师东京》之完美，却因少女的单纯，延误了一段时间的国人正确理解其深刻含义。或者是徘徊之中，忽略了当时有眼见，却没有重视此画竟有如此高深境界，或因绘画学科门门皆有深深学问造成命名错误，应当说恰是在动摇、徘徊之际，《会师东京》正好创作完成和展出，造成了廖静文忽略、不了解、印象不深的可能性较大。

1943年后，积劳成病的徐悲鸿先生正是久旱逢甘露，生活上有了照顾，才重新燃起生命火花。因为志同道合，才能在事业上得心应手、以致后来登上中国美术学术地位的顶峰。幸福的家庭，贤惠的廖静文实在丰满了徐悲鸿的下半生。徐悲鸿先生的下半生因有合板、合拍的贤妻良母型德妇廖静文配合，所以事事成功，达到人生各方面顶点。如果当日洋医师听廖静文的话，及时进行脑溢血的抢救，完全没大事。当日脑溢血的情景并不可怕，中国医生、护士们已经确认徐先生脉象平稳，并无大碍，完全没有必要写什么遗嘱。谁知竟因洋医误诊、武断致使徐悲先生早逝，这是廖静文后半生的缺憾与艰难根源。廖静文“文化大革命”中被人打断肋骨，受批斗却舍生忘死地保护徐先生的画作。后来全部捐献徐悲鸿毕生画作和藏画，建立中国徐悲鸿纪念馆是廖静文留给中国美术界的珍贵遗产宝贵财富。

中国台湾人民对廖静文先生尊敬有加。我根据《圣经》对婚姻之爱最高标准确认廖静文先生无任何遗憾。“徐悲鸿先生爱妻”永世垂名、留芳千古。《会师东京》图上“廖静文爱妻保存”之字和所有有如此题字的画作永远见证了一个二十岁少女爱上中华民族大画家徐悲鸿先生之纯洁爱情。这是中国“简·爱”式篇章，闪烁中国妇女忠贞、贤惠的光芒。我写本书时起意决定献给《会师东京》作者的“廖静文爱妻”是对的。在出版之前赶上加进参加“香港庆抗战胜利七十周年全球华人书画大赛”和本文两篇文章无疑加重了本书是以廖静文先生为主题的内容。

杭州《美术报》1126期第一版刊登了《先生走好……》廖静文先生大幅照片。清癯消瘦的廖静文先生仍然神采奕奕，与生前一样光彩照人。《美术报》是这样报道的：“她，走了！一位世纪老人，物理有生命陨落，却为后人点燃了一盏高风亮节的提灯。”

她，走了！满怀横跨两个世纪的思念与守望，去和她深爱的夫君徐悲鸿再度耳鬓厮磨。

她，走了！廖静文——她以她自身的作为，将名字深深地烙刻在了中国美术传承与教育的里程碑上，她与徐悲鸿伉俪情深被传为佳话；她用毕生的精力为国家、为民族守护徐悲鸿遗产，并把他价值连城的画作，藏品与个人财产都捐献给了国家。她还默默地资助着八十多个个贫困儿童上学读书，她更为中国美术事业健康发展再现大师云集的时代不懈努力。廖静文，她生活处处都烙上了徐悲鸿的印迹。但并没有将自己束缚于小爱之中，她把小爱转化为“民族文化的大爱”。16日晚上7时03分，这位伟大的女性在北京逝世，享年92岁。廖先生生前担任徐悲鸿纪念馆馆长，徐悲鸿画院名誉院长，中国书画家联谊会主席、“北京荣宝画院”名誉院长，上海海事大学徐悲鸿艺术学院名誉院长。中国人民大学徐悲鸿艺术学院院长，徐悲鸿之子徐庆平对外表示，“廖静文先生一生为国家，特别是为国家的艺术事业作出了巨著大贡献，对子女，对晚辈也尽到了一个母亲、一个长辈的职责，我们很感激她，很感恩她为国家，为家做的一切。”此外据廖静文的家人透露，老人走得很安详，没有留下遗言。作为陪伴徐悲鸿走到最后的人，她也许已经了无遗憾。

但我还是有一点遗憾的。我2008年春来新街口徐悲鸿纪念馆的时候，她在二楼被人搀扶着接见了我。她有看到我给该馆的《傅绍贤诗书画集》上的获奖《信念》和《解读徐悲鸿先生二战预言画“会师东京”》论文。我大前年在京为了有事找她去了故地，却被门人告之纪念馆拆掉重建了，要三年时间。因此人没碰到，不过我还是经赵朝平和付阳华两位徐悲鸿艺院教师转上我研究的材料和诗作等。现在新拆建的徐悲鸿纪念馆终于等到即将落成了，她却提早了四个月走了。我打算将《徐悲鸿研究补正》和专著《徐悲鸿研究补续》敬献给她的，她除了看到我去年寄到人民大学付阳华副教授转交给她的《徐悲鸿研究补正》书样外，本书《徐悲鸿研究补续》的书样是绝对看不到了。

但她在中国美术发展史、教育史上是有特殊贡献的人。是她协助徐悲鸿艺术学院院长徐庆平创建该院工作。中国艺术、画界，中国两岸人民永远怀念她。我也怀念她，她对徐悲鸿先生的纯真爱情深深地感动了我。值得我写文章纪念这位伟大的现代女性。她跨越了民国、新中国两个时期，跨越了20世纪、21世纪。

傅绍贤 2015年6月26日

三、廖静文追思补正

《美术报》分两期报道了徐悲鸿爱妻廖静文逝世的消息。

1126期第一版封面整版刊登了廖静文大幅照片。大幅标题《先生走好……》

《美术报》1127期第二版刊登了《八宝山，千人送别廖静文》全文如下：

本报北京讯 叶玉跃 6月20日： 北京八宝山大礼堂，上千人手持白色菊花和月季，默默送别徐悲鸿夫人廖静文先生。前来悼念的，有白发苍苍的高龄老人，也有花季少年，有年近九旬的徐悲鸿艺术学院首届学生，也有正在徐悲鸿美术初中就读的中学生们……近百幅书法挽联从大礼堂一直挂到了长廊最东边。

赶来悼念的中央美院院长范迪安告诉记者，他最后一次见到廖老是在2014年春天，“廖老的身体状况给我感觉这么多年一直很平稳。她的思维非常清晰，每次跟我聊都会有新的东西出来。她无论是回忆往事还是说起哪个艺术流派，都没有什么错误。因为她是沉静的，她能长时间沉浸在一种思考当中。”

中国当代知名人物画家史国良谈及廖先生，很动情，他说，“廖静文先生身上对徐悲鸿艺术的弘扬和捍卫精神非常了不起。她一直过着特别简朴的生活，她把所有的画都捐献给了国家，自己的日子过得非常清苦。我和她一块儿吃饭，她非常喜欢吃冷盘里的猪蹄，其他人谁爱吃那些啊，她和徐悲鸿先生当年日子就过得很清苦，后来她担任徐悲鸿纪念馆馆长，馆里也没什么钱。廖先生非常提携后人，我永远忘不了她。”

中南大学的陈教授以及数十位廖静文的老乡，专程从南长沙赶来，陈教授说，他前几年经人介绍担任廖静文的中医保健医生。他说廖先生的心脏不是很好，但人非常平易近人。“我代表湖南家乡人民来悼念她。”

到了上午9时，送别的亲友们开始陆续进入灵堂。大家都手持一朵白色的菊花或者月季，灵堂里放着低沉的哀乐，但是灵堂外没有挽联，追悼仪式上也没有悼念词。

追悼会上，徐悲鸿和蒋碧薇的两个子女、徐悲鸿和廖静文的两个子女因为年事已高，都坐在旁边与前来送别的人们致意。

李可染之子李小可、李苦禅之子李燕一早赶来送别先生。李小可说，廖先生去世，就像失去亲人一样。在送别的灵堂上方，廖静文与大家作别的照片是一张戴着红色贝雷帽的。

中央美术学院油画系主任马路告诉记者，廖先生是极慈祥的人，文雅、高贵，和她见过有限的几面，大多在冬季，她总戴着这顶暖红色的贝雷帽，吃饭时也不摘。帽子戴着很显精神，但却是一顶磨出许多洞的旧帽子了。

马路说：“我问她的家人，为什么不换一顶？她说就喜欢这顶。我问是不是徐悲鸿先生送的，家里人说是她自己后来去巴黎买的，也几十年了。我明白她的心思，有些事是埋在心里的，做就是了，哪怕历史无法更改。”

徐悲鸿中学德育副校长罗光辉迟迟没有离开，他说，廖先生生前一直关心帮助着学校的教育教学和艺术发展，廖先生曾拔了吊针，走下病榻，前来参加学校开学典礼。学生的画展如果没有廖先生的支持，也没有学校今天的发展，“所以今天我们40位师生代表，前来送廖先生最后一程。这是很好的现场报道。

对于第三版专刊《陈履生微言》中有三条关于廖静文的，我个人有时间计算上微词。第一条是廖静文的贡献:接二连三，美术界的噩耗不断，刚送走邹佩珠先生和闵力生先生，2015年6月16日晚，廖静文先生溘然长逝，享年92岁的廖先生在徐悲鸿先生去世后执著地弘扬徐先生的艺术，从青年到老年。身为纪念馆的馆长坚守在这一岗位上兢兢业业；她作为徐先生代表来团结门生弟子，延续了徐先生所倡导的现实主义艺术在新中国的发展。

第二条是廖静文与国博：廖静文先生积极支持国博的各项工作，她为国博西大厅“愚公移山”巨型浮雕的建设给予支持并提出了宝贵的意见。新馆开馆后，2011年3月26日上午出席了三大家展览的开幕式，2012年7月9日出席了国博百年庆典:此后又出席了陈之佛作品的捐赠仪式;最后一次来国博是2014年8月20日，出席了任梦璋展览的开幕仪式。

第三条是廖静文的不易：廖静文先生30岁时，徐悲鸿先生去世，想想她此后的62年真是不容易。死去丈夫的女人只有深深的爱和坚强的信念才有可能坚守在自己的怀念之中。实际上她和徐先生生活在一起只有8年的时间，从第一次见到徐先生算起也只有14年的时间，因此，可以看出徐先生的魅力足以征服她，这也是她之所以能够坚守一生的原因。

陈履生对廖静文先生的怀念和评议都是对的，所以第一条与第二条没话说。但第三条我要订正他有关廖静文和徐悲鸿相处的日子与结成夫妻的日子。

根据徐悲鸿长子徐伯阳与金山合编的《徐悲鸿年谱》我订正如下：第一廖静文是1942年12月下旬与徐悲鸿先生相识的。请见徐伯阳与金山合编年谱《徐悲鸿年谱》第258页：“十二月下旬,赴桂林为中国美术学院筹备处招考一名女资料员，报名者五十人、由张安治进行笔试，廖静文最后由徐悲鸿亲自口试。文考中。廖原籍湖南，时年十九岁。高中毕业，当时是桂林某文工团合唱队的队员。接着和廖静文一起在七星岩的岩洞里，整理他于战前藏在那里的书籍字画，并带廖静文及其女同学同游小阳朔。”这里准确地记录了徐悲鸿与廖静文第一次见面日子是1942年12月下旬。

这样我们仍以小学生的加减法来计算时间。从1953年9月26日逝世之日减去1942年12月下旬第一次见面之日便是总的相处日子。是10年9个月零几天。而不是14年时间。报纸上报道关于徐悲鸿、廖静文总共相处日子计算得不对，多了3年零两个多月。

我们再看他另外关于实际上她和徐先生生活在一起的时间之说法：“廖静文先生30岁时，徐悲鸿先生去世，想想她此后的62年真是不容易。作为失去丈夫的女人只有深深的爱和坚强的信念才有可能坚守在自己的怀念中。实际上她和徐先生生活在一起只有8年时间。”这也不对！

“生活在一起的时间”可以有三种理解：

一、是过夫妻生活的说法。

二、确实共同作息。

三、人的精神上融合，空间上有分开，或有时有分开两地。但心心相印。

我试以第一个标准来看“生活在一起的时间”。

1942年过去便是1943年了，1943年是夏历癸未年。这年的春仲徐悲鸿第三次为廖静文画像。其上题字是“静文初度前夕　悲鸿第三次写之，癸未春仲。”春仲一般就是三月中旬，但这天是1943年3月20日。“初度”原是生日另一说法。此时廖静文正好进入二十岁，思想与生理完全成熟。意中人在三个多月的接触中由模糊到清晰，面对近五十岁的徐先生，由敬爱到依恋。据湖北《大家文摘报》上《廖静文：60年走不出徐悲鸿的女人》的报道，倒是廖静文先在焦急等候徐先生回来时表白了爱情，捅破了窗户纸。

依据二，蒋碧微的回忆录有关于廖静文与女同事原同住一室，此时已经用木板隔开，并有生活条件简陋记录：是用稻草铺床，两人公开同居记录。①

依据三，徐悲鸿画集上共有四幅《徐夫人像》，有三幅是1943年画的。三方面的证据，足以证明我所下的推论：二十岁生日后不久爱河已渡。我说所谓夫妻，首先是精神上的结一，再到肉体的合一。以此为标准，徐悲鸿与廖静文在此时已是真正意义上生活在一起的情侣。这是最高层次意义上生活

① 同引用《蒋碧微回忆录：我与道藩》，岳麓书社版第410页

在一起了。我推定共同相处的时间是1953年9月26日减去1943年春深日子，且不以1946年1月14日证婚日为据，这样计算是10年零6个月多的夫妻生活。“实际上她和徐先生生活在一起只有8年时间”已被证明是不对了。徐悲鸿《徐夫人像》上的题字就是主人徐悲鸿自己的说法，白纸黑字。

我提议的此中第二种理解之“共同作息”的日子无论多少可不必计算。因算出来也没有实际意义。第三种情况，空间上的分开，倒是有意义的。因为这是我日思夜想为什么廖静文对《会师东京》了解知之甚少的原因所在。因为空间上的分开，不影响心灵上的心心相印。所以心心相印是徐、廖恩爱基础，而廖静文对《会师东京》名画了解知之甚少却又是最合理的解释。也就是说廖静文的心可在徐悲鸿身上，但某一张画未在意却是可以理解的，事实确实如此！廖静文在成都上大学是两地分居的日子，而且考试前的准备和读书，都是需要集中思想与精力的，这是她个人使用精力的时候。此时她精力的使用上与徐悲鸿是根本合不到一处的。至此，我完全解开了徐悲鸿先生二战预言画《会师东京》为何被自家亲人当做《群狮》来命名的谜底了。

试概括家人失误原因如下：

一、蒋碧微回忆录中无记载是因人根本不在一处，岂能知道？

二、廖静文1942年底考试录取为中国美术学院图书馆管理员时以整理图书为主。徐悲鸿在蒋梅笙逝世百日所举办的个展《会师东京》并未完成。且这幅1米22厘米高，2米25厘米长的大画不可能在宿舍里画的，画好的日子是6月6—8日。其上“廖静文爱妻保存”是1946年题。

三、当时蒋碧微加快加紧了心有不甘的搅扰。廖静文陷入思想斗争之中，是想从感情旋涡中解脱，因此报考了大学。心却又系在徐悲鸿身上，精力却没在徐悲鸿的某件作品上，故视而不见，模糊不清，偏这是最主要的作品。

四、1944年徐悲鸿积劳成疾，住院吓坏了廖静文。1945年的徐悲鸿与蒋碧微的离婚又是家庭大事件，1946年徐悲鸿调北京任北平艺术学院院长，这些家庭大事件都是家内原因，诸多家中大事叫人难免忽略了某一作品。

五、家中长子徐伯阳精于音律，非美术人才，徐悲鸿由其自选职业与事业道路。音乐与美术是两个不同门类的艺术，原理相同，但各自的细科皆博大精深，他混淆了两张同名《会师东京》题材是不奇怪的。

六、1953年9月26日徐悲鸿因洋医误诊早死。

七、1949年以后相当长的时间里两岸关系冷冻，文化交流中断。

要不是两岸三通,本人也无法解读。只有在北京,有包括中国台湾、香港的书籍和报刊和资料可查阅，可以进行全面的证据分析。加上本身有和徐悲鸿相似的爱好与一定绘画技能,否则难以解开二战预言画《会师东京》的深刻内容的。我们当感谢当日陈离先生在成都用两张返往重庆的飞机票使一对情侣“共同生活”基本上定局：由廖静文打理日常生活，照顾徐先生起居饮食。所以三种情况对他们来说都有过，可以一统计算在“一起生活”中。

“实际上她和徐先生生活在一起只有8年时间”说法没有不恰当。徐悲鸿与廖静文走在一起正好是10年9个月零几天，包括公开应试考中之后，空间分开，因心心相印，都可算在“一起生活”里。

傅绍贤

于2015年10月29日

China art weekly 2015年6月27日
美術報 责任编辑:崔 艳
检 校:陈惠娟
电话:0571-85311405 E—mail:msb@zjnews.com.cn

八宝山，千人送别廖静文

本报北京讯 叶玉跃 6月20日，北京八宝山大礼堂，上千人手持白色菊花和月季，默默送别徐悲鸿夫人廖静文先生。前来悼念的，有白发苍苍的高龄老人，也有花季少年，有年近90旬的徐悲鸿艺术学院首届学生，也有正在徐悲鸿美术初中就读的中学生们……近百幅书法挽联从大礼堂一直挂到了长廊最东边。

赶来悼念的中央美院院长范迪安告诉记者，他最后一次见到廖老是在2014年春天，“廖老的身体状况给我感觉这么多年一直很平稳。她的思维非常清晰，每次跟我聊都会有新的东西出来。她无论是回忆往事还是说起哪个艺术流派，都没有什么错误。因为她是沉静的，她能长时间沉浸在一种思考当中。”

中国当代知名人物画家史国良谈及廖先生，很动情，他说，“廖静文先生身上对徐悲鸿艺术的弘扬和捍卫精神非常了不起，她一直过着特别简朴的生活，她把所有的画都捐献给了国家，自己的日子过得非常清苦。我和她一块儿吃饭，她非常喜欢吃冷盘里的猪蹄，其他人谁爱吃那些啊，她和徐悲鸿先生当年日子就过得很清苦，后来她担任徐悲鸿纪念馆馆长，馆里也没什么钱。廖先生非常提携后人，我永远忘不了她。”

中南大学的陈教授以及数十位廖静文的老乡，专程从湖南长沙赶来，陈教授说，他前几年经人介绍担任廖静文的中医保健医生，他说廖先生的心脏不是很好，人非常平易近人。“我代表湖南家乡人民来悼念她。”

到了上午9时，送别的亲友们开始陆续进入灵堂。大家都手持一朵白色的菊花或者月季，灵堂里放着低沉的哀乐，但是灵堂外没有挽联，追悼仪式上也没有悼念词。

追悼会上，徐悲鸿和蒋碧薇的两个子女、徐悲鸿和廖静文的两个子女因为年事已高，都坐在旁边与前来送别的人们致意。

李可染之子李小可、李苦禅之子李燕一早赶来送别先生。李小可说，廖先生去世，就像失去亲人一样。

在送别的灵堂上方，廖静文与大家作别的照片是一张戴着红色贝雷帽的。中央美术学院油画系主任马路告诉记者，廖先生是极慈祥的人，文雅、高贵，和她见过有限的几面，大多在冬季，她总戴着这顶暖红色的贝雷帽，吃饭时也不摘。帽子戴着精神，却是一顶磨出许多洞的旧帽子了。

马路说，“我问她的家人，为什么不换一顶？她说就喜欢这顶。我问是不是徐悲鸿先生送的，家里人说是她自己后来去巴黎买的，也几十年了。我明白她的心思，有些事是埋在心里的，做就是了，哪怕历史无法更改。”

徐悲鸿中学德育副校长罗光辉迟迟没有离开，他说，廖先生生前一直关心帮助着学校的教育教学和艺术发展，廖先生曾拔了吊针，走下病榻，前来参加学校的开学典礼、学生的画展，没有廖先生的支持，也没有学校今天的发展，“所以今天我们40位师生代表，前来送廖先生最后一程。”

附：美 术报6月23日的报道

附：《美术报》上需要订正的《陈履生微言》

陈履生微言

廖静文的贡献

接二连三，美术界的噩耗不断，刚送走邹佩珠先生和闵力生先生，2015年6月16日晚，廖静文先生又溘然长逝，享年92岁的廖先生在徐悲鸿先生去世后执着地弘扬徐先生的艺术，从青年到老年。身为纪念馆的馆长坚守在这一岗位上兢兢业业；她作为徐先生的代表团结门生弟子，延续了徐先生所倡导的现实主义艺术在新中国的发展。

廖静文与国博

廖静文先生积极支持国博的各项工作，她为国博西大厅“愚公移山”巨型浮雕的建设给予支持并提出了宝贵的意见。新馆开馆后，2011年3月26日上午出席了三大家展览的开幕式，2012年7月9日出席了国博百年庆典；此后又出席了陈之佛作品的捐赠仪式；最后一次来国博是2014年8月20日，出席了任梦璋展览的开幕式。

廖静文的不易

廖静文先生30岁时，徐悲鸿先生去世，想想她此后的62年真是不容易。作为失去丈夫的女人只有深深的爱和坚强的信念才有可能坚守在自己的怀念之中。实际上她和徐先生生活在一起只有8年的时间，从第一次见到徐先生算起也只有14年的时间，因此，可以看出徐先生的魅力足以征服她，这也是她之所以能够坚守一生的原因。

四、湖北《大家》文摘的报道

廖静文逝世全国有反响。我8月31日在合肥买到湖北《大家》文摘报，19版有《廖静文：60年走不出徐悲鸿有女人》一文，和全国许多书报一样报道："1953年9月26日，徐悲鸿因脑溢血病逝，享年58岁。"我已经在《徐悲鸿研究补正》中宣布徐悲鸿先生享年59岁，不是58岁。

这里报导了一则文字信息，无法终止对徐悲鸿的思念，全段如下："徐悲鸿是她一生唯一的爱人，即使他已经永远离开廖静文了，但生活跟她开了个玩笑，在徐悲鸿去世六年以后，一个年青的军官闯进了她的平静的生活。

在某次旅行中，廖静文一家与一位姓黄的先生认识，相处多了，黄先生对她产生好感，廖静文委婉地拒绝了，三年后的国庆节，他路过北京，邀请廖静文一家人到天安门共度国庆。这是廖静文在徐悲鸿去世以后第一个没有流泪的国庆节，真正让她动心的是女儿一句话：妈妈，黄叔叔老是在我们家多好呀！

过早失去父爱对于孩子是不公平的，廖静文经过反复思考，决定尝试一段新的感情生活。然而没多久，廖静文发现，她一刻也无法终止对徐悲鸿的思念，也根本不能坦然接受新的生活。于是廖静文再次恢复了寂寞的单身生活。

回首往事，廖静文认为自己一生中最大的遗憾便是这段徐悲鸿以外的感情经历。她太爱徐悲鸿了，以至于不能容忍自己对他的感情的丝毫的犹豫。"（金羊网 李晓丽）

这段文字相近的报道我在网络上看过，现在是白纸黑字的报道，我认为是真实的。孩子是羡慕别人的家庭中除了妈妈,还有爸爸的，天上有月亮，更有太阳。芳芳天真的话对母亲来说是要需要考虑的。就婚姻是一个契约的角度来说，受约束的一方死了，另一方是不受任何约束的。廖静文经得起衡量,本身心如古井水，因亲生女儿合理要求动摇也是母亲本职，更是善念。爱徐悲鸿入骨，不能转移，更是一生专一。因此，我下的结论是绝无遗憾！既尽了一个母亲应尽的责任，芳芳也没了遗憾！也证明爱徐悲鸿之心情深意切，天长地久，永世不泯！何来遗憾？复归原位更好！

湖北大家文摘报剪切

大家文摘报

F-35空战不行，急坏日本 02

从股市暴涨暴跌，看中国人思维特性 04

张春桥离婚内幕：妻子历史问题挡了仕途 17

毛泽东为何鲜明否定"计件工资制"？ 20

主管：长江出版传媒股份有限公司 记录激流中国 主办：湖北长江报刊传媒集团 国内统一刊号：CN42-0067 邮发代号：37-116 总第1438期 2015.8.31 每周二期 定价：2.0元

孙中山的想像，这在当时很少见。如果不 妻"，提出"有李（王伯秋大太太李澄湘）无 开的秘密。上海的章士钊出阶说王伯秋和孙 了。"（《文史精华》2015.7下 李舟/文）

廖静文：60年走不出徐悲鸿的女人

2015年6月16日，徐悲鸿先生的夫人廖静文在北京的家中安然逝世，享年92岁。在徐悲鸿离开她后的光阴里，她每一天都在为心爱的男人而活着。

上天安排她与悲鸿相见

19岁的廖静文在报考文工团的时候曾唱过一首歌《初恋》，她没有谈过恋爱，甚至都没有和男人拉过手。但她唱这首歌时很动情，深深地打动了主考官。

这仿佛是一个预兆。年轻的她没有想到，就在唱完这首歌后不久，她就有了惊天动地的初恋。所以，廖静文总是认为这是一种缘分，是上天安排了她与徐悲鸿相见。

千里迢迢，廖静文离开故乡湖南，只身来到广西桂林考大学。可是她坐的火车因遭到敌人轰炸停开了，被耽搁在路上，等她赶到桂林，大学报名的日期已经过了。廖静文只得想办法在桂林找工作以安身。

在这里，廖静文遇到了正在招募图书管理员的中国美术学院院长徐悲鸿。50多年过去了，她依旧记得对主考官徐悲鸿的第一印象——"他当时有一点未老先衰的情况，40多岁的人，就白了头发。但是他的眼睛，是闪亮闪亮的。"

廖静文一开始很害怕，不知道怎么和这位大名鼎鼎的院长交流。谈着谈着，她发现眼前的徐悲鸿其实很亲切，没有一点儿架子。她把心底真挚的想法都透露给徐悲鸿：她想一边干活一边读书。

于是，廖静文得到了这份留在徐悲鸿身边工作的机会。

勇敢地走进悲鸿的生活

工作之余，廖静文总愿意帮助徐院长处理一些工作和生活上的琐事。这时，徐悲鸿已和妻子分居8年，过着寂寞孤独的生活。在朝夕相处之间，廖静文的心里渐渐萌发了一种很特别的感情，直到那么一天，她突然意识到，这，便是爱慕之情——那天晚上，她听见徐悲鸿在院子里走来走去，也披件大衣下去了。她关心地说了句："我觉得您好像有很多痛苦。"被说中心事，徐悲鸿沉重地说："小鬼，你不要管我的事情了。我已经告诉过你，我8年无家可归了。"廖静文心疼地说："你一定会冷的。"随手把大衣披在了他的身上。

第二天，廖静文病了，感冒发烧，只有徐悲鸿一个人知道原因：她把大衣给他，自己反倒着凉了。所以，每天徐悲鸿都要到廖静文床前探望她，摸摸她的头，给她量体温。而每天，廖静文都在盼望着他的到来中度过。

一种不同寻常的感情在两人之间蔓延开来，把轻纱捅破的是廖静文。有一次，天快黑了，徐悲鸿还没有来，她等了又等，想到他大概把自己忘了，便再也忍不住，伤心地哭起来。正好这时，徐悲鸿来了，廖静文不知哪来的勇气，直直地说："我哭是因为你今天没有来。"

简单的表白深深地感染了徐悲鸿，两个心灵相通的人走到了一起。

愉快的婚后生活

徐悲鸿必须先和前妻蒋碧薇离婚。为了结束这段名存实亡的婚姻，他被迫答应补偿蒋碧薇100万元和100幅画等苛刻条件。对于月薪不到两万块钱的徐悲鸿来说，这无疑是一个沉重的负担，加之工作的辛劳，他染上了重病，一度病危。

不顾家人的反对，廖静文忍痛放弃了金陵女子大学的学业，全心全意照顾徐悲鸿。廖静文默默地给自己加油，她知道爱一个人就应该奉献自己的一切：徐悲鸿即使第二天就死掉，她也会守着他，永远不会离开他的。

在廖静文的细心呵护下，徐悲鸿的病情奇迹般地好转，恢复了工作。1946年1月14日，廖静文和徐悲鸿正式举行婚礼，结为夫妻。半年后，徐悲鸿担任北平艺专院长一职，廖静文和他一起到了北平，随后产下两子。一家四口的生活慢慢步入正轨。

婚后，廖静文一直都很辛苦，她每天不仅要料理家务，还要照顾徐悲鸿的生活，并且在他工作上遇到困难的时候，给予强大的支持。两个人从来都没吵过架、红过脸，廖静文非常愉快，也很满足。

完成悲鸿未竟的事业

1953年9月26日，徐悲鸿因脑溢血病逝，享年58岁。对于徐悲鸿的死亡，廖静文仍然千万次地责备自己，她后悔为什么没有阻拦早已积劳成疾的丈夫整天开会，以致过早地离开了这个世界。

噩耗传来，廖静文几乎也倒下了。那时她只有30岁，还带着两个不满7岁的孩子。

她遗憾他们的幸福婚姻生活才仅仅维持了7年，遗憾徐悲鸿手上还有很多东西没有完成……

把悲哀深深地埋藏在心间，为了嗷嗷待哺的孩子，为了已经撒手人寰的徐悲鸿，外表柔弱的廖静文坚强地站起来了。在徐悲鸿去世的当天，她就把徐悲鸿全部的字画、藏品交给了国家。之后，她奔波于筹建徐悲鸿纪念馆。

再之后，廖静文选择到北大读中国文学。当时很多人都不理解，丈夫刚去世，小孩子还需要照顾，她却狠心地扔下孩子跑到学校住校读书去了。其实，廖静文的想法很简单，她只是想为徐悲鸿写一本传记，把她所了解、所接触的徐悲鸿——写出来，让世人也了解他读懂他。

无法终止对悲鸿的思念

徐悲鸿是她这一生唯一的爱人，即使他已经永远地离开了廖静文。但生活跟她开了个玩笑，在徐悲鸿去世6年以后，一个年轻的军官闯进她平静的生活。

在某次旅行中，廖静文一家与一位姓黄的先生结识，相处多了，黄先生对她产生了好感，廖静文委婉地拒绝了。3年后的国庆节，他路过北京，邀请廖静文一家人到天安门共度国庆。这是廖静文在悲鸿去世后第一个没有流泪的国庆节。真正让她动摇的是女儿的一句话："妈妈，黄叔叔老在我们家多好呀。"

过早失去父爱对于孩子是不公平的，廖静文经过反复思考，决定尝试一段新的感情生活。然而没多久，廖静文发现，她一刻也无法终止对徐悲鸿的思念，也根本不能坦然接受新的生活，于是廖静文再次恢复了寂寞的单身生活。

回首往事，廖静文认为自己一生最大的遗憾便是这段徐悲鸿以外的情感经历，她太爱悲鸿了，以至于不能容忍自己对他的情感有丝毫的玷污。（金羊网 李晓莉/文）

五. 中国香港见闻

由于早早办好了入港手续，经香港全球华人书画大赛组委会钟娟同志寄回苍南行政中心快件寄去的入港身份证后，我就于8月22日来到深圳红荔路2002号园岭大厦纪念抗战胜利七十周年画展组委会处，约好去香港铜锣湾维多利亚公园边高士威道66号香港中央图书馆去参观或参加开幕式。23日就是我想熟悉环境的心理去香港度过的一天。

23日早上，由旅行社的拉客者办好了填表手续入关。从罗浮乘地铁到红磡，由红磡乘公交到湾仔，步行绕走维多利亚公园。在维多利亚铜像前拍了照。到了高士威道66号香港中央图书馆主楼台前又拍了照。十点钟排队进了图书馆，我与办事人员谈了需要查阅的书名，他们帮助调书。我要看的书：1、陈孝威的《太平洋鼓吹》，在8\F bt:2121164，2、陈孝威的《为什么失去大陆》上下册，在Bb:209218 T 2029217书架上，3、《陈孝威将军致力国民外交之成果》是在九龙公共图书馆的B:b:231590架上，该图书馆的地址在九龙培正道5号，我只能明天去看，我就先在图书馆里看此处有的三本书。

与工作人员交谈中，我们签订了我捐赠两部研究徐悲鸿专著的协议。在9月2日经合肥回到龙港后，我寄上了《傅绍贤诗书画集》和《徐悲鸿研究补正》各五本书，用快件寄过去。9月4日中午12点得到签收来电显示。

陈孝威的《太平洋鼓吹》很好，与我研究的徐悲鸿有直接关系。陈将军的独到军事眼光影响了世界。他的演说，感动了中国人民，更感动了徐悲鸿先生。他们唱和，就是国唱。徐悲鸿的两张《会师东京》画的创作，是因陈孝威将军之文而兴图。我今天能亲眼看到陈将军著作实件，实在高兴。他与政要、诗人们唱出了中国之声！我用手机拍了书的封面附在下面。

封面

他还有《为什么失去大陆》上下集两本书，我浏览了一下，发现他是单从军事失利的角度上来说观点的。其实，军事的失败，只是一部分而已。就号召力的角度上来说，共产党的主张和宣传远胜过原政府。就现在的国际影响来说，是远远进步于原政府的。没有共产党，是没有新中国的。先进代替落后是历史的规律。中国人民今天在北京举办的纪念反法西斯、抗日战争胜利七十周年大会的成功，是叫世界刮目相看的！这是胜利的大阅兵，显示了国力，也显示了中国人民坚决抵抗外侮的本质。

作为新中国诞生后的新中国诗人是与国家同呼吸，同命运的。我们是站在历史的高度上来审视一切，精研中国五千年历史，熟读中外历史文化丛书，细致比较成败得失，小心谨慎地下结论。但我们只是草根文化而已，是最基础的基础，而所讲的是心里话。

国家的统一，民族的团结是社会进步的表现，是我们心里的盼望和方向。中国要走向富强是靠中国人民自己的努力。作为一个公民，我以读万卷书，行万里路来报效祖国。用手中的笔来写，来画，来书。今天到中国香港参观全球华人书画大赛，是要看全球华人的爱国心灵。

由于时间关系，九龙公共图书馆没有去。就陈孝威将军而言，他的外交成果是可观的，成就是伟大的，作为一名军人，一个二战军事预言家，为中国抗战和世界抗战，反法西斯做出了卓越的贡献。他鼓舞了世界正气，打击了邪恶势力。团结、联络了许多国家元首，是上层建筑重要构架。陈孝威将军显示了中国人民的智慧，是中国的光荣，二战军事预言家陈孝威将军大名永垂世界二战反法西斯、中国抗战史册！

8月24日，我又入港了，在中国香港九龙旺角弥敦道安达宾馆住了一宿。第二天早上乘公交来到铜锣湾天后站，步行绕过维多利亚公园，来到高士威道66号前，谁知有意外的游行示威队伍，多半是老人，手持标语和话筒。听说是为钓鱼岛问题来示威的，拍电视录像的电视台好几家。大概因这个关系，中国香港各界纪念抗日战争胜利七十周年大型展览也就没有开幕仪式了。十点钟左右，展厅照原定时间开门，不少人早就在门口等候。

展览是在一层展厅举办，正门两边贴的都是过去的宣传画，里面分好多厅，分四章来叙述。第一章：抗战伟业：气壮山河——中国抗日战争历程；第二章：支持祖国——血脉相连——抗战时期的中国香港；第三章：抗战胜利——日本投降；第四章：珍爱和平——开创未来。图片是以中国香港地区为主，也结合全国全世界的抗战情况进行布展。每一章前面都有影像播放配合，又分一段落一段落地介绍。厅里还有录像短片播放，比一章章前面的影像长多了，是短片影视。其中使我感动的是中国香港的江东支队的情报改变了世界抗战结束日期。原来远东军威尔逊将军原本是要在东南海岸线强攻登陆,北上会师。江东支队查明日军精锐部队正在海岸线上布下暗堡阵，将会给盟军很大的杀伤力度，强攻将造成盟军难以估计的人员伤亡，且决定胜利的日期很难估算。盟军决策高层权衡利弊后才决定用原子弹来速定输赢。随着长岛、长崎的两颗原子弹炸开,日本整个国家震荡，天皇宣布无条件投降。这是中国香港人民为世界作出的杰出贡献啊！

一九三八年十一月

展厅里，我发现了徐悲鸿一张人物画，画的是杜甫《琵琶行》。还有徐悲鸿1938年在香港大学冯平山图书馆举办画展的照片。在这里，徐悲鸿从一位法国老太婆手里得到了稀世国宝《八十七神仙卷》,中国香港是徐悲鸿去新加坡中转之地。中国香港也是中国文人会聚之地。有一块宣传牌标题是《文化名人南下香港》，说的就是中国当时的文化名人在中国香港这个特殊位置进行抗日宣传，对敌斗争介绍。

1938年11月，著名画家徐悲鸿在香港大学冯平山图书馆举行画展。左一及二为许地山和徐悲鸿，右二为陈君葆。

我此行能来中国香港是因为参加了中国香港举办的“纪念抗战胜利七十周年全球华人书画大赛”。但我重要是参与，醉翁之意不在酒，因如不参加这次活动，是没有可能专程来香港的。既然来了，当然也关心书画大赛的进展情况。我在展厅的西首找到了书画大赛的展览处，发现有几张人物画也是有创意的。如《大刀向鬼子们的头上砍去》《我们又端掉了一个 碉堡》《小哨兵》《号手》等等。山水画没有出色作品，花鸟画同样。我选拍了一张书法附后面。参赛作品水平总的相当于大陆省地市水平。只有一张徐悲鸿画的猫十分精彩，可惜他不能算参赛作者。我拍了一些场景照，看来大赛在整个活动中扮演的是配角。因惊叹徐悲鸿画的猫，更觉得不虚此行！也可以说获益良多。中国香港之行，给我十年研究徐悲鸿划上了完整的句号。徐悲鸿因之兴图的陈孝威将军在我面前便有了清晰的面孔，我认真阅读了他的《太平洋鼓吹集》。但是徐悲鸿的二番创作的《会师东京》是艺术作品，是一张比一张进步的作品。脱胎于陈孝威，而竟美于陈孝威之文。尤其是七狮《会师东京》，相比于五马会师于富士山下原作，是一大飞跃。对于这张二战预言画的来龙去脉我已经弄得一清二楚了。本书封面上我画的主视图中第一张《五马会师图》因无陈孝威将军后人藏画之照片参考，实是我之理解，与事实可能有距离的。但也只好先表示一下，期望以后得到照片时再修改。感谢“香港纪念抗战胜利七十周年全球人书画大赛”组委会举办活动，是你们帮我完成了研究徐悲鸿的胜利最后一道工序！我因应征，而亲来中国香港，百闻不如一见！

我衷心感谢中国香港、深圳两处“纪念抗战胜利七十周年书画大赛”组委会！

傅绍贤 于2015年8月31日

六、总结

徐伯阳与金山费了三十年时间合编的《徐悲鸿》年谱，相对比较精细。徐伯阳拥有双亲的经历与自身的切身经历，有家传第一手材料。李松编著的《徐悲鸿年谱》也很好，他是小心考据的，我撰写时好多依据参据于李松谱本。家属与民间谱校的《徐悲鸿年谱》，都是建立在热爱民族画家徐悲鸿之根基上的。而我撰写的《徐悲鸿研究补正》与本著是建立在他们成果之上的成果，我感谢他们。我建议以后再校《徐悲鸿年谱》中的1943年时，增加以下几条事实：

一、2月19日，元宵节，第一次为廖静文画像。题款：癸未二月十九日，第一次写廖静文，悲鸿。这是新年新春第一个月圆之夜。

二、3月20日:星期六。是夕，用水墨第三次为廖静文画像。题款：静文初度前夕，悲鸿第三次写之，癸未春仲。这是春季第二个月圆之夜。

三、3月21日，廖静文二十岁生日。蒋碧微以观众身份参观在重庆中央图书馆正式开幕的徐悲鸿画展。这天也是蒋梅笙逝世百日，廖静文第一次见到蒋碧微。人间十五的月亮是十六圆，廖静文是夜感触颇深。

四、6月8日完成七狮《会师东京》的创作，题款：会师东京–壬午之秋，绘成初稿。翌年五月写成兹幅：易以母狮及诸雏居图之右。略抒积愤，虽未免言之过早，且憙其终须实现也！三二年端阳前后，悲鸿。

本著结论：月光本是太阳光的反射，廖静文充分折射了丈夫徐悲鸿热爱祖国、忠于祖国的崇高思想性光芒，两造合一之际照亮神州赤县。

附录三

·研究参考文献·

一、中国香港是最好的参考书页，陈孝威著作迟到而又及时

作者在维多利亚公园对面的香港中央图书馆前留影

二、参考书目

（一）考证引据书籍

1. 廖静文 《徐悲鸿一生》， 中国青年出版社， 1982年2月。

2. 高中课本《中国近代史》，2004年。

3. 高中课本 《世界近代史》，2004年。

4.《中国名人百传》，北京出版社 ，2004年9月。

5. 浙江人民美术出版社，《徐悲鸿画集》，第36—37页。

人民美术出版社

1. 1978年,《徐悲鸿画辑》，第11页，《群狮》。

2. 1981年,《徐悲鸿彩墨画》，第105页，《群狮》。

3. 2004年，《中国美术家丛书・中国画》,第84页标注为《群狮》。

4. 1985年李松编著，《徐悲鸿年谱》,第86页：1943年5 月标注为《群狮》。

5.《陈传席画集》，人民美术出版社， 2001年。

上海人民美术出版社

1. 1981年艾中信著《徐悲鸿研究》年表中注“1943年，中国画《群狮》”。

徐悲鸿纪念馆编

1. 1992年《徐悲鸿藏画集》年表注“1943年中国画《群狮》”。

2. 1995年《徐悲鸿诞生一百周年纪念》画册的年表简历中以《群狮》命名。

3.《文坛巨匠徐悲鸿》,中国和平出版社， 2002年8月。

国务院参事室主管、中央文史馆主办的《中华书画家》杂志社

1.《中华书画家》,2010年第2期46页,标注“中国画《群狮》”。

北京美术摄影出版社

1.《徐悲鸿画集 ・ 素描油画画稿》，年表中以《群狮》命名。

齐鲁书社

1.《徐悲鸿艺术历程与情感世界》，杨先让著， 2011年6月。

2.《徐悲鸿书信集》，王震编，（211页“主要者”）2011年4月。

东方出版社

1.《徐悲鸿的啸马悲歌》，蒋华强编著， 北京。

人民文学出版社

1.《笔下千骑 • 绘画大师徐悲鸿》，郑理著， 1985年。

百家讲坛

1.《从画师到大师》， 吕立新著， 2011年6月。

武汉大学出版社

1.《二次世界大战史纲》，罗志纲主编， 2005年5月。

河北美术出版社

1.《中国艺术大师 • 徐悲鸿》，陈传席著，2009年8月，《群狮》命名。

河北教育出版社

1.《中国名画家 • 徐悲鸿》，陈传席著， 同样《群狮》命名。

古吴轩出版社

1.《徐悲鸿弟子暨中国书画名家展作品集》，2009年。

团结出版社

1.《张道藩的文宦生涯》， 2008年1月版。

江苏文艺出版社

1.《孙多慈与徐悲鸿爱情画传》，张健初著，2008年6月。

紫禁城出版社

1.《故宫博物馆藏徐悲鸿书画作品选》，2006年1月。

天一出版社

1.《徐悲鸿传记》，1979年版， 中国台北市 台湾艺术家出版社。

2.《徐悲鸿年谱》， 徐伯阳、金山合 编， 1991年版。

《蒋碧微回忆录》由中国台湾（皇冠）杂志社首次刊行，1966年杂志社正式出版

1.《蒋碧微回忆录: 我与徐悲鸿》，书海出版社，2006年新版。

2.《蒋碧微回忆录: 我与张道藩》，漓江出版社，2008年新版。

北京报业出版社、同心出版社

1.《世纪恩怨》，容宏君，2009年6月。

大象出版社

1.《徐悲鸿书信集》，徐悲鸿著 ， 王震编， 2010年版。

（二） 抗日史实书籍

1. 中国青年出版社，荣维木、步平主编，《中华民族抗日战争全史》，2010年版。

2. 学林出版社，武克全主编，《抗日战争大事典》。

3. 中央文献出版社，李蓉著，《中华民族抗日战争史》。

4. 二十一世纪出版集团，《中国抗日战争全史》。

5. 中共党史出版社，黄修荣编著，《抗日战争时期国共关系纪事》。

（三） 抗倭名城引证资料

1.《明史》，（全28册）清张廷玉等撰，中华书局出版。

2.《温州文献丛书》，孙维钊撰，上海社会科学出版社版。

3.《苍南县文史资料 2- 抗倭名城金乡 - 蒲城》。

4.《苍南历史文化 1-10期》，苍南历史文化研究会编。

5.《平阳历史图鉴》，平阳档案局编 ， 方志出版社。

6.《平阳县志》，（隆庆抄本）共二册 中国台北成文出版社。

7.《平阳县志》，（康熙年刊）卷五、六、七，八影印本。

8.《平阳历史文化》,平阳县党史办、县志办编。

9.《金乡史话》,陈则之原稿，陈通达改写、傅绍贤插图。

10.《金乡小学百年校庆》。

(四) 报纸与网络引用

握笔抗战的诗人将军陈孝威—李景端，载2010年8月11、12日香港《大公报》。

湖北，《大家文摘报》“廖静文：60年走不出徐悲鸿的女人”，8月30日。

《美术报》“八宝山，千人送别廖静文”，6月23日。

《百度网》1939年。

（五） 本书照片与用图来源

1. 选用《徐悲鸿纪念馆》编印的书刊。

2. 徐悲鸿纪念馆、徐伯阳,《徐悲鸿绘画全集第二集》,艺术家杂志社版。

3. 徐伯阳、金山合编，《徐悲鸿年谱》,艺术家出版社版。

4. 徐伯阳，《蒋碧微回忆录：我与徐悲鸿》书海出版社、漓江出版社版。

5. 廖静文，《徐悲鸿一生》,山东画报出版社版。

6. 陈孝威，《太平洋鼓吹集》。

7. 人民美术出版社,《中国美术家作品丛书 • 徐悲鸿》上、下集。

（六） 后记引用书籍

1.《季则夫画集》，2015年，荣宝斋出版社。

后 记

值本书付梓之际，我有必要再证《群狮》错误命名降低了作者水准。

我喜爱画动物，凡有动物画的书，必购买收藏。家中有2005年5月经北京《荣宝斋》出版的《季则夫画集》，这是一本狮虎作品多多的个人画集，我很欣赏并钦佩作者之技艺。但他也是专业画家圈子里受《群狮》错误命名影响的实例，叙述事实如下：

中国画是揭示作者内心世界的载体，命名是最好显示立意的主题标示，命名不达意对不起作者。2012年9月初，我用书面形式向中国人民大学徐悲鸿艺术学院院长徐庆平和徐悲鸿纪念馆馆长廖静文先生提出《群狮》命名错误是亏欠徐悲鸿先生的，因降低了他的艺术水准。这张画是他的最杰出的代表作，是最艰难岁月里的心声，是一生艺术创作最高峰作品。足以代表一个国家，一个民族，一个时代的精神状况。是徐悲鸿人格的浓缩，是其艺术创作顶峰，是中国抗战文化的代表作。也是二战中全世界人民的心声!也是全世界反法西斯的不朽艺术作品。

廖静文馆长和徐庆平院长母子听进了我的肺腑之言，她们当月26日专程去福州以举办《徐悲鸿画展》的形式，正面声明宣告《会师东京》

是徐悲鸿“主要作品”，从此网络上就有了《会师东京》取代《群狮》命名的徐悲鸿纪念馆馆藏最大画狮作品的正确名称。但在2012年9月初以前徐悲鸿纪念馆馆藏最大画狮作品（112.5厘米X215.5厘米）名称就一直以《群狮》命名的，国内许多出版社也是这样命名和介绍的。所造成的负面影响巨大，必须纠正，这是我向中国美协和国家教科书出版单位提出必要纠正的理由。

季则夫先生早我五年出生，是一位“多面手画家”，尤以画狮虎见长。其水平被专业圈认可，刘心亮先生为季则夫画集所写的序言也写得较准确，对中国画狮虎的论说也精彩，但他们都是《群狮》错误命名的影响者。刘心亮先生是这样写的：“中国绘画史上画狮虎的画家不多。近代的何香凝、徐悲鸿、张善孖、胡爽庵是其典型代表。一般来讲，画家所从事的绘画创作，一生所专注的创作题材与表现技法往往是和他的人生理想与追求是分不开的，何香凝、徐悲鸿等都是这样。何香凝不但是伟大的政治活动家，同时也是杰出的绘画大师。她一生创作了许多画作，狮子和老虎是其最爱画的题材内容。在何香凝的画中倾注了饱满的爱国革命激情。她之所以喜爱画狮、画虎，是因为有其服务于民族民主革命斗争的寓意，“以示中国各族人民应如睡狮之觉醒，如猛虎之雄伟。”

她以“平生的血气和风骨化作狮子吼”，“用醒狮昂首寄寓她振兴中华的心思……，寓意殊深”。显然，何香凝爱画狮虎，旨在召唤中华民族振兴并屹立于民族之林的国魂，讴歌近代中华民族，表现民主革命的大无畏精神，表现中华民族的觉醒。徐悲鸿画狮也是同样寓意深刻。

徐悲鸿纪念馆珍藏的《群狮》国画，高一米多，长二米多，是徐悲鸿一生中画过尺幅最大的以狮子为题材的画，画中有五只怒目圆睁的成年狮子和两头温顺可爱的小狮子，表达了画家对抗战胜利的渴望。他笔下的动物都寄托着画家自己的精神，具有强烈的时代感情。他喜欢写威震百兽的雄狮，以《新生命活跃起来》的题词点出自己热望的民族觉醒与奋起。

刘心亮先生的评论中我认为对何香凝的写得很好，但对徐悲鸿的深度还不到位。我从小佩服何香凝的狮虎画艺道，但更佩服徐悲鸿先生的《会师东京》之成功创作。中国有好多好多的歌，国歌才是最好的歌。国歌是中华民族精神与民族灵魂表示的最佳顶峰，是无上之歌，任何人的歌再好，也好不过这首国歌的。以此类推：中国有好多好多的美术作品，有不少画狮作品，但《会师东京》才是中国以狮为题材的最佳代表作品，其思想性和艺术性之完美为古今第一。

凡文艺工作者一般以技进而入道，道高过技。艺术的高深与技法有关，但与心灵的压迫更有关系。只有将心灵最深处的感受以和谐的技法表现出来的作品，才是无人能越的高峰。在此条件下，刘心亮先生对两位作者创作时的心灵与环境还没有更深的认识，我是说，徐悲鸿画其代表作时的心灵境界之深度是深过何香凝先生的。所以其画狮艺道高度需要再认识！人类艺术作品就是精神产品，以精神状况为评论要素，在同等情况下，产生压力的强度是打分高下的标准！徐悲鸿国破家残的心灵感受独一无二！特殊性难再！

《会师东京》作品完美地表现了作者的心灵状况，如果刘心亮先生走进《会师东京》所产生的背景，所写的序言就更有深度了。是《群狮》命名降低了刘心亮先生的理解力度，《群狮》命名降低了作者水准。好在我已努力还原历史。

傅绍贤　搁笔于2016年11月18日

责任编辑：林　群
执行编辑：张松林
责任校对：杨轩飞
装帧设计：达　元
责任出版：毛　翠

图书在版编目（CIP）数据

徐悲鸿研究补续 / 傅绍贤著. -- 杭州 : 中国美术学院出版社, 2015.10
ISBN 978-7-5503-0977-7

Ⅰ. ①徐… Ⅱ. ①傅… Ⅲ. ①徐悲鸿（1895～1953）—人物研究 Ⅳ. ①K825.72

中国版本图书馆CIP数据核字（2015）第243946号

徐悲鸿研究补续

傅绍贤 著

出 品 人：祝平凡
出版发行：中国美术学院出版社
地　　址：中国·杭州南山路218号　邮政编码：310002
http://www.caapress.com
经　　销：全国新华书店
制版印刷：杭州印校印务有限公司
版　　次：2017年9月第1版
印　　次：2017年9月第1次印刷
开　　本：787mm×1092mm　1/16
印　　张：13
字　　数：85千
图　　数：102幅
印　　数：0001—2000
ISBN 978-7-5503-0977-7
定　　价：50.00元